KB215356

노먼 라이트의
마음 처방전

노먼 라이트의 마음 처방전

지은이 | H. 노먼 라이트
옮긴이 | 정성묵
초판 발행 | 2022. 3. 24
등록번호 | 제1988-000080호
등록된 곳 | 서울특별시 용산구 서빙고로65길 38
발행처 | 사단법인 두란노서원
영업부 | 2078-3333 FAX | 080-749-3705
출판부 | 2078-3332

책값은 뒤표지에 있습니다.
ISBN 978-89-531-4167-4 03230

독자의 의견을 기다립니다.
tpress@duranno.com   www.duranno.com

두란노서원은 바울 사도가 3차 전도 여행 때 에베소에서 성령 받은 제자들을 따로 세워 하나님의 말씀으로 양육
하던 장소입니다. 사도행전 19장 8-20절의 정신에 따라 첫째 목회자를 돕는 사역과 평신도를 훈련시키는 사역,
둘째 세계선교™와 문서선교^{단행본·잡지} 사역, 셋째 예수문화 및 경배와 찬양 사역, 그리고 가정·상담 사역 등을 감
당하고 있습니다. 1980년 12월 22일에 창립된 두란노서원은 주님 오실 때까지 이 사역들을 계속할 것입니다.

노먼 라이트의
마음 처방전

H. 노먼 라이트 지음

정성묵 옮김

두란노

contents

Part 1

무너진 일상, 앞이 보이지 않는 삶

세상이 멈추다

Part 2

팬데믹이 남기고 간 상처들

마음은 저절로
치유되지 않는다

Part 3

뉴노멀로 가는 길,

회복된 마음으로
다시 시작하는 삶

o Part 1

무너진 일상,
앞이 보이지 않는 삶

세상이 멈추다

1.

비극과 재난이

온 세상을

덮치다

곧 닥칠 일을 아무도 몰랐다. 2020년은 여느 해와 다를 바 없이 시작되었다. 사람들은 새해 결심을 했고 새로운 해와 함께 새로운 꿈과 희망도 떠올랐다. 하지만 누구도 상상하지 못했던 불쾌한 불청객이 세상에 난입했다.

비극과 재난의 시대를 살다

우리는 실시간으로 커뮤니케이션과 언론 보도를 통해 전국의 사건사고 소식을 접한다. 지난 몇 년 사이에도 전국에는 많은 비극과 재난이 벌어졌다. 캘리포니아 주는 사시사철 대화재와 대지진의 공포에 떤다.

30년도 더 전에 친구와 라켓볼을 하다가 지진을 겪은

일이 지금도 생생하게 기억난다. 처음에는 위층에서 하는 에어로빅 수업이 평소보다 조금 더 시끄럽다고 생각했다. 하지만 벽이 흔들리기 시작하자 그것이 아니라는 것을 깨달았다. 전기가 나가 불이 꺼지자 친구와 나는 문 쪽으로 내달렸다. 움푹 들어간 문고리를 찾으려고 다급하게 문을 긁다가 손가락 몇 개가 부러졌다. 심장은 사정없이 쿵쾅거렸다. 밖에서 달리는 동안에도 땅은 계속해서 흔들거렸다. 우리가 진도 5.9의 진원지에서 불과 10킬로미터 떨어진 곳에 있었다는 것을 나중에 알게 되었다. 그 지진으로 곳곳에서 불이 나고 많은 사람이 다쳤다. 사망자도 여덟 명이나 발생했다.

이 밖에도 때마다 허리케인이 멕시코만과 동부 해안을 강타해 수백만 달러의 재산 피해를 남긴다. 중서부는 중서부대로 무시무시한 토네이도의 공격을 받는다. 토네이도의 발생은 중서부에만 국한되지 않는다. 몇 해 전 뜻밖에 캘리포니아 주 남부의 내가 사는 거리에 대형 회오리바람이 발생했다. 아내 조이스(Joyce)는 마당에서 일하다가 이상하게 강한 바람을 느꼈다. 토네이도는 이 지역에서는 거의 일어나지 않았기 때문에, 뭔가 잘못되었다는 것을 느낀

아내는 서둘러 집 안으로 들어와 문을 닫았다. 바람은 계속 거세져만 갔다. 마치 집 안의 공기가 밖으로 빨려나가는 것만 같았다. 아내는 무슨 일인지 몰라도 집에서 한 발자국도 나가지 않았다. 그때 이웃이 집으로 차를 몰고 오다가 코너를 도는 순간, 도로 한복판에서 회오리바람이 자신을 향해 다가오는 것을 보았다. 그가 황급하게 차를 세우고 집으로 뛰어 들어가자마자 토네이도가 집 앞 마당의 거대한 나무를 순식간에 반으로 쪼개 버렸다.

또 총격 사건은 잊을 만하면 벌어진다. 그렇게 무고한 사람들의 목숨이 사라질 때마다 지역 사회는 충격에 휩싸인다. 나는 전국에서 이런 비극이 벌어질 때마다 현장으로 달려가 유족들과 지역 주민들을 돌보았다. 한번은 한 고등학생이 다른 학생으로부터 총상을 입었다. 이로 인해 21명의 학생들과 교사들이 트라우마에 빠졌다. 이를 극복하도록 1년 이상 돕기도 했다. 이런 사건은 우리의 가슴을 찢어놓는다. 이런 일이 벌어질 때마다 수많은 사람이 두려움에 빠지고 충격에 휩싸인다.

어느 주일 아침, 딸의 농구 시합 장소로 가기 위해 공항에 모인 몇몇 사람이 결국 목적지에 이르지 못할 줄 누가

알았겠는가. 이 안타까운 소식을 들었을 때 마치 시간이 멈춘 듯했다.

2020년 1월 26일, 우리는 전설을 잃었다. 하나님이 주신 능력과 승부욕과 베푸는 손길까지 겸비한 최고의 농구선수가 우리 곁을 떠났다. 그는 로스앤젤레스 레이커스(Los Angeles Lakers)에서 20년간 활약한 끝에 운동선수들의 아이콘이요 스포츠 세계의 기둥이 되었다. 그는 바로 코비 브라이언트(Kobe Bryant)이다.

그날 헬리콥터 추락 사고로 목숨을 잃은 사람은 그만이 아니었다. 그 외에도 여덟 명이 죽었다. 나는 이 비극에 직접적인 영향을 받은 가족, 교사, 친구들을 위로했다. 그 사건은 그날 죽은 사람들의 가족과 친구들에게 큰 충격과 슬픔을 안겨 주었다. 온 국민이 슬픔의 눈물을 흘렸다.

하지만 우리가 평생 겪어 보지 못한 규모의 엄청난 비극이 눈앞에 다가왔다는 사실은 아무도 모르고 있었다. 이것은 새로운 유형의 폭풍이었다. 조용한 폭풍, 포착하기 힘든 폭풍, 부지불식간에 우리 세상에 기어들어 온 폭풍이었다.

코로나 바이러스, 일상을 흔들다

처음에는 소문으로 시작되었다. 코로나 바이러스가 중국에서 많은 사람을 감염시킨 뒤에 유럽까지 침투하기 시작했다는 소문이 간헐적으로 들려왔다. 하지만 곧 미국 전체가 멈추고, 그 기간이 예상보다 훨씬 길어지게 될 줄은 아무도 몰랐다. 전국의 학교는 불과 몇 주 뒤면 정상화가 될 줄 예상하고서 학생들을 집으로 보냈다. 모임 제한은 우리 삶의 모든 영역에 영향을 미쳤다. 많은 회사들이 문을 닫고, 직원들은 언제 일터로 돌아올지 모른 채 집으로 향했다.

매일 새로운 뉴스가 쏟아져 나왔다. 정부는 65세 이상의 국민들에게 되도록 외부 출입을 자제하는 '자택 대기'(shelter in place)를 권고했다. 집 안에 머물지 않고 평소처럼 매일 바깥출입을 하는 노인들은 '반항적인 노인'(defiant elderly)이란 말을 들었다. 많은 주에서 기약 없는 봉쇄 정책이 시행되었다. 꼭 필요한 경우가 아니면 집 밖으로 나오지 말라는 명령이 내려졌다.

우리가 지금까지 살아온 삶은 완전히 사라졌다. 팬데

믹은 세상 속에 들어와 완전히 눌러앉았다. 연일 안 좋은 소식이 들려왔다. 특별히 뉴욕 시에서 코로나 확진자의 수가 매일 기록을 갈아치웠다. 곧 다른 주들의 상황도 비슷해지리라 예상되었다. 온 국민이 공포와 혼란에 빠졌다. "나도 코로나에 걸릴까? 나도 죽을까? 가족들이 죽을까? 언제쯤 삶이 정상으로 돌아올까? 언제쯤 일터로 돌아갈 수 있을까?"

세상이 멈추었을 때 당신은 어디에 있었는가? 멈춤! 마비된 느낌을 달리 표현할 길이 없다. 믿음은 불신으로, 현실 직시는 현실 부정으로 변해 가고 있다. 무엇이 잘못되었고 앞으로는 어떻게 될지 도무지 알 수가 없다. 때로는 지구가 멈춰 버린 것만 같다. 자택 대기 명령이 떨어지면서 바쁜 일상이 멈추었다.

지구가 멈춰 버린 것만 같던 날이 또 있었다. 바로, 2001년 9월 11일이다. 우리는 방송을 통해 이 비극적인 사건을 보았다. 그해 10월, 나는 무너진 빌딩들에서 파괴를 직접적으로 경험한 이들을 돕기 위해 뉴욕으로 향했다. 코로나19가 낳은 파괴로 인해 그 사고가 마치 어제 일처럼 생생하게 되살아난다.

2001년 11월의 밤도 기억난다. 그날도 텔레비전이 켜져 있었다. 이번 뉴스는 무너지는 빌딩들에 관한 것이 아니었다. 컨트리 송 가수 앨런 잭슨(Alan Jackson)이 신곡 "(세상이 멈추었을 때) 당신은 어디에 있었는가"(Where Were You)를 발표하고 있었다. 사람들의 삶이 어떻게 변했는지를 누구보다 잘 알기에 그 가사 하나하나가 내 심금을 울렸다. 온 국가가 통제 불능의 비극에서 치유되던 그때, 우리는 다시는 이런 일이 되풀이되지 않게 해 달라고 기도했다. 간절히 한마음으로 기도했다.

우리가 통제할 수 없는 현실 앞에서

대부분의 사람들은 자신이 삶을 통제하고 있다고 믿는다. 비극이 닥치기 전까지는 말이다. 2001년 9월 우리는 자신의 힘으로 삶을 통제하지 못한다는 사실을 깨달았다. 그리고 2020년 우리는 다시금 깨달았다. 우리 손에 있다고 생각했던 통제력은 행복감과 함께 저 멀리로 날아가 버렸다.

통제력의 상실은 우리를 두려움, 걱정, 좌절감, 불안감, 분노, 상실감, (자택 대기 명령 명령과 사회적 거리두기가 만들어 낸) 외로움으로 몰아갔다. 하지만 통제력을 잃는 데는 긍정적인 측면도 있다. 그것은 모든 상황에서 자족하고, 하나님의 다스리심을 온전히 믿고, 이 소망을 남들에게 나누게 된다는 것이다.

코로나19 확진자와 사망자의 숫자가 오르락내리락하기를 반복한 지 어언 2년이 넘었다. 미래는 어떻게 될지 여전히 알 수가 없다. 우리가 고립의 터널을 빠져나올 때쯤이면 삶은 완전히 달라져 있을 것이다. 코로나가 종식될지, 또 다시 추악한 고개를 쳐들지 아무도 알 수 없다. 코로나는 결국 지구상에서 완전히 사라질까? 코로나보다 더 무시무시한 팬데믹이 뒤를 이를까? 우리는 어떤 미래를 살게 될 것인가?

이 책을 읽으면서 좋은 면과 나쁜 면을 함께 살펴보자. 그리고 불확실하고 통제력을 상실한 이 현실을 다룰 새로운 방법을 찾아보자.

혼란의 한복판에서도 우리는 여전히 소망과 평안을 찾을 수 있다.

소망의 하나님이 모든 기쁨과 평강을 믿음 안에서 너희에게 충만하게 하사 성령의 능력으로 소망이 넘치게 하시기를 원하노라(롬 15:13).

2.

───────────────

원치 않는 변화 속에서

살아남는 법은

없는가

우리의 삶은 온통 뒤흔들렸다. 이 점에 대해서는 의심의 여지가 없다. 코로나의 영향을 받지 않은 사람은 아무도 없었다. 격리 기간이 계속 길어지면서 당연하게 여기던 일상이 더 이상 당연하지 않게 되었다.

우리는 서로에게서 분리되었다. 이런 상황에 대한 감정은 천차만별이었다. 늘 쫓기듯 바쁘게 살던 이들은 여유 시간과 평안과 가족애를 느꼈다. 반면, 우울증과 분노와 외로움에 빠진 이들도 있다. 어떤 이들은 목적 의식을 잃고 멍하니 살아가고 있다.

대부분의 사람들은 "이겨 낼 수 있어"와 "이 지옥이 언제나 끝날까?" 사이에서 갈등하고 있다.

삶이 흔들릴 때

어떤 일로 삶이 뒤흔들린 적이 있는가? 전에도 이런 종류의 큰 변화를 겪은 적이 있는가? 갑작스러운 변화는 우리의 삶 속에 큰 혼란을 일으킬 수 있다. 반대로, 좋은 변화를 경험한 적이 있는가? 변화를 최대한 활용했는가? 변화로 인해 손해를 보기도 하고 이익을 보기도 했는가? 어떤 경우든 변화의 길은 쉽지 않은 길이다.

아래의 단어들 중에서 현재 당신의 상황에 해당되는 단어에 동그라미를 치라. 혹시 둘 사이를 오락가락하고 있다면 중간에 X 표시를 하라.

희망	설망
두려움	용기
손해	이익
슬픔	기쁨
평화	갈등
의기소침	활력
연결	단절
힘이 넘치는	기진맥진한
목적으로 충만한	목적 없는

이 단어들을 읽으면서 코로나 이후로 당신의 삶이 어떻게 변했는지 생각해 보라. 팬데믹에 대한 당신의 반응은 어떠했는가?

지금 우리의 삶 속에서 유례없는 변화가 일어나고 있다. 이 변화를 피하려고 해 봐야 소용없다. 이 변화는 마치 거대한 낙지처럼 우리를 에워싸고 있다.

선택의 길에 서다

우리는 선택의 기로에 서 있다. 변화를 받아들이고 활용할 것인가? 아니면 변화의 지배를 받을 것인가?

변화를 거부하면 몸이 지치고 마음이 혹사를 당하며 정신이 약해진다. 늘 통해 왔던 방식을 고수하지만 성과는 점점 떨어져만 간다. 그러다가 탓할 사람을 찾는 데 귀중한 에너지를 소모한다. 자신이나 다른 사람, 혹은 세상을 탓한다. 강박적으로 걱정한다. 과거 속에 갇혀서 원한이나 분노에 사로잡혀 산다. 혹은 "다 잘되고 있어. 늘 해 오던

대로만 하면 돼"라며 현실을 부정한다. 혹은 "뭔가 혹은 누군가 나타나 변화에서 나를 구해 줄 거야"라며 헛된 희망을 품는다. 우리는 익숙하고 편안한 곳을 떠나 전에 경험해 본 적이 없는 두려운 광야 속으로 들어가기를 원하지 않는다. 그래서 변화에 저항한 채 한 발자국도 움직이지 않는다.[1]

한 유수한 잡지사의 전 대표는 2007년의 사태에 관해서 이렇게 말했다. "10년 뒤 어떻게 될지 안다고 말하는 사람은 마약에 취한 사람이 분명하다." 다시 말하지만, 큰 그림은 늘 변하고 있고 미래는 알 수 없다. 6개월, 1년, 5년 뒤 우리의 삶이 어떻게 될지는 아무도 알 수 없다. 확실한 사실은 한 가지뿐이다. 2020년 우리의 삶은 급격히 변했고, 계속해서 변할 것이라는 사실이다.

조직 컨설턴트 피터 베일스(Peter Vails)는 격동과 혼란의 이 시대를 "끊임없는 급류"라고 불렀다. 만약 배에서 물속으로 던져지면 가라앉지 않도록 수영을 할 줄 알아야 한다. 경험 많은 뱃사람들도 물에 빠질 때가 있다. 하지만 뱃사람과 일반인은 분명한 차이가 있다. 그들은 금방 물 위로

떠올라 배까지 헤엄쳐 올 수 있다. 그들은 급류를 예상한다. 우리는 미지의 강에 빠질 때 그들처럼 해야 한다.[2]

당신은 어떤가? 자신의 성장을 위해 변화를 활용하고 있는가? 불확실성 앞에서 움직이지 못하고 있는가? 변화가 당신의 삶을 지배하도록 놔두고 있는가? 우리 모두에게는 선택권이 있다. 변화에 적응하고 변화를 통해 더 강해질 수 있다. 불편할 수 있지만 인간의 삶이란 본래 불편한 것이 아닌가.

변화 속에서 살아남는 법

현재의 변화는 누구에게나 예외 없이 영향을 미친다. 재택근무를 하면서 아이들과 씨름하고 있는가? 교회에 가거나 혹은 온라인 예배를 드리고 있는가? 정부의 명령으로 마스크를 쓰고 사는가? 어떤 경우든 당신만 그런 것이 아니다. 남들이 무슨 생각을 하는지는 신경 쓸 필요가 없다. 그들은 과감히 세상 속으로 들어가면서 각자의 판단을 하느라 바쁘다. 우리 모두가 같은 상황에 처해 있다는 사실을 기억하는 것이 도움이 될 수 있다.

적응의 긍정적인 면에 집중하는 것이 우리가 할 수 있는 최선의 방법 중 하나이다. 심리학자들은 이것을 리프레이밍(reframing)이라고 부른다.[3] 물론 어떤 상황이 벌어지고 있는지 모르기에 걱정하는 것 자체는 문제가 아니다. 새로운 상황에서 긴장하는 것은 지극히 당연한 일이다.

우리의 뇌는 문제 해결 및 생존 기제를 갖추고 있다. 이 기제는 실로 놀랍다(노먼 라이트의 *How to Keep Your Brain Young*〔뇌를 젊게 유지하는 법〕을 꼭 읽어 보길 바란다). 분명한 위험이 존재할 때 우리의 뇌는 신속한 탈출을 돕는 호르몬들을 분비시킨다. 신경기관은 삼엄한 경계 태세로 전환한다. 정상적인 뇌는 무엇이 우리의 안전을 위협하든 그것으로부터 도망치거나 그것을 격퇴시키도록 돕는다. 위험이 물러가고 나면 몸은 긴장을 풀고 평소의 잔잔한 상태로 돌아가야 한다. 평소에 자신을 지키려고 신경을 너무 곤두세우고 있으면 결국에는 탈진하고 만다.[4]

앞서 말했듯이 원치 않는 변화 앞에서는 두 가지 반응이 가능하다. 변화를 부인하든가 받아들이든가. 변화를 최대한 활용하기 위해 적극적으로 나서든지 변화 앞에서 무기력해지든지, 둘 중 하나를 선택해야 한다. *How to Survive Change You Didn't Ask For*(원치 않는 변화 속에서 살아남는 법)에서는 더없이 효과적인 실천 방안들을 제시한다.

1. 문제가 아닌 해법에 집중하라.

2. 자신이 통제하고 있다는 느낌이 매우 중요하므로 "지금 내가 내 의지로 선택할 수 있는 것들은 무엇인가?"라고 물으라.

3. 다섯 가지 해법을 찾아서 나열해 보라. 지금 당장 하나를 고르지 않아도 된다.

4. 어려운 상황에서도 꿋꿋이 나아간 자신을 칭찬하라. 자신이 무엇을 해냈는지를 보는 것이 정말 중요하다.

5. 구체적인 기도 수첩을 만들라. 불평을 하나님께로 향하라. 힘든 변화 앞에서 그저 하늘을 향해 울부짖는 것이 우리가 할 수 있는 전부일 때도 있다.

6. 다른 사람들을 돌보라. 밖으로 나가서 남들을 도우라. 당신이 사는 곳의 영적 리더는 누구인가? 당신인가? 그렇다면 남들이 당신을 필요로 할지 모른다.

7. 당신과 비슷한 상황에 처한 사람을 찾아 조언을 해 주라. 조언이야말로 가장 큰 도움 중 하나이다. 단, 조언만 하지 말고 본을 보이라.

8. 운동하라. 변화로 인한 스트레스를 풀기 위해 하루 30분 운동만한 것이 없다.

9. 스스로 "나는 할 수 있다!"라고 말하라. 이 표현을 다른 나라 말로 배우고, 다른 언어들을 배울 수 있는 온라인 코스를 찾으라.

10. 항상 걱정이 많다면 하루에 15분씩 걱정하는 시간을 따로 정하라.

11. 하기 싫은 일을 하고 있다면 하고 싶은 일을 위해 시간을 내라.

12. 도움을 주는 이들에게 감사하라. 당신을 돕는 이들을 격려하라.

13. 정말 중요한 것은 무엇인가? 0부터 10까지 중요도를 매겨서 가장 중요한 것에 집중하면 변화에 대한 균형 잡힌 시각을 유지할 수 있다.

14. 행복한 사람들과 어울리라. 긍정적인 사람들과 최대한 많은 시간을 보내라.

15. 변화를 이겨 낼 수 있도록 당신이 가진 장점들에 시선을 고정하라.[5]

변화에 대한 태도

안타깝게도 자신의 삶에서 변화가 일어나고 있다는 사실을 인정조차 하지 않는 이들이 많다. 남들이 아무리 비이성적이라고 말해도 그들은 자신에게 일어나는 일을 받아들이지 않는다. 그들은 두려움으로 인해 변화에 발맞추어 움직이지 못하고 도태된다.

또 다른 흔한 반응은 남을 탓하는 것이다. 역시나 비생산적인 반응이다. 남을 탓해서 문제가 해결된 적이 있는가? 이것은 분노로 가득한 반응인 동시에 책임을 회피하기 위한 수단이다. 정부나 정치인이나 교육자 등에게 책임을 돌리기가 너무도 쉽다.

책임을 남들에게 돌리면서 "내가 할 수 있는 것은 아무것도 없다"라고 말하기가 너무도 쉽다. 대신 이렇게 말하면 어떨까? "지금 일어나는 상황이 마음에 들지 않고, 남들의 결정은 내가 바꿀 수 없다. 하지만 내가 이것은 할 수 있다."

해법이 아닌 문제만을 바라보면 무력감에 빠진다. 문제에 시선을 고정하면 문제가 반복될 가능성만 커진다. 나는 이런 질문을 자주 던진다. "그렇게 해서 통했던 적이 있는가?" 다시 말하면 "통하지 않는데 왜 계속해서 그렇게 하는가?" 새로운 방법을 시도해 보지 않겠는가? 새롭고도 긍정적인 접근법을 시도해 보지 않겠는가?

오랫동안 세미나에서 상실과 슬픔을 겪는 이들에게 '상실의 역사'를 만들게 했다. 이와 비슷하게 여기서는 '변화의 역사'를 만들어 보면 어떨까?

종이 한 장을 준비해 중앙에 선을 그으라. 선의 한쪽에는 '원하지 않은 변화'라고 쓰고 다른 쪽에는 '긍정적인 변화'라고 적어 보라. 지난 10-15년을 돌아보며 당신의 삶 속에서 일어났던 변화들을 적어 보라. 개중에는 파괴적인 모습으로 시작되었다가 뭔가 더 좋은 일로 이어졌던 변화들이 있을 것이다. 지난 15년보다 2020년 한 해에 더 많은 변화가 나타났을 수도 있다(다음에 소개된 '변화의 역사'의 예를 보라).

변화의 역사

원하지 않은 변화	긍정적인 변화

2008년 약혼을 파기했다.

2010년 - 꿈에 그리던 남자와 결혼

2012년 - 다른 지역으로 이사하면서
꿈의 직장을 포기했다.

2013년 - 남편이 실직했다.
고향으로 돌아와 부모님과
함께 살 수밖에 없게 되었다.

2013년 - 첫째 출산

2014년 - 18개월 후 둘째 출산

2016년 - 딸이 암 진단을 받았다. 병
원에 갈 때 외에는 집밖으
로 나갈 수 없게 되었다.

2018년 - 유산

2019년 말 - 임신(2020년 4월 출산 예정)

2020년 3월 - 코로나19로 인한 봉쇄 조치, 아이가 태어날 때 가족들이 병원에 올 수 없게 되었다. 아이들은 종일 집에서 지냈다. 남편은 실직을 걱정했다.
갓난아이로 인해 잠 못 이루는 밤, 가족들은 아기를 보러 올 수 없다.

2020년 4월 - 건강한 공주님 탄생! 남편은 실직하지 않고 재택근무를 시작했다. 육아에 큰 도움이 되었다.

가족 모임 취소 :

부활주일,
독립기념일,
추수감사절,

2021년 2월 - 부모님이 코로나 백신 접종을 하셨다, 부모님 댁을 방문할 수 있게 되었다.

2021년 4월 - 부활절 가족 모임

당신만의 '변화의 역사'를 직접 기록해 보고, 그것을 읽으면서 기도하는 시간을 가져 보라. 좋은 일에 대해서는 하나님께 감사하고, 원치 않은 변화들에 대해서는 털어 버리고 미래를 향해 나아가라. 이런 시간을 한 번이 아니라 여러 번 갖는 것이 좋다. 자녀, 가족, 친구들에게도 이런 시간을 권하라.

당신의 '변화의 역사'를 보면서 다음과 같은 질문에 관해서 생각하라.

- 이 중 어떤 변화가 하나님에게서 온 것일까?
- 이런 변화가 당신의 삶에 어떤 영향을 미쳤는가?
- 이 중 어떤 변화에 관해서 기도했는가?
- 이런 변화에 어떻게 대응했는가? 어떤 대응이 통했는가? 긍정적인 결과를 얻기 위해 어떤 노력을 했는가?
- 이런 변화를 다시 겪는다면 이번에는 무엇을 다르게 하겠는가?
- 과거에 어떤 내적 강점을 사용했는가? 어떤 새로운 강점을 길렀는가?
- 긍정적인 태도와 집중력을 잃지 않는 데 무엇이 도움이

되었는가?

- 누가 당신을 도와주었는가?

- 당신의 삶 속에서 늘 당신을 격려해 주는 사람들은 누구인가? 그들의 이름을 적어 보라. 그들을 위해 어떻게 기도하고 있는가?

- 당신을 돕기 싫어하는 사람들은 누구인가? 그들의 이름을 적어 보라. 그들을 위해 어떻게 기도하고 있는가?

- 이런 변화를 겪을 때는 갖추지 못했던 어떤 특성을 지금은 갖추고 있는가?

- 남을 어떻게 도울 수 있을까?

- 어떻게 하면 믿음을 강하게 유지하고 믿음 위에 굳게 설 수 있을까?

질문에 대한 답을 기록했다면 다음 성경 구절들을 읽어 보라.

너는 마음을 다하여 여호와를 신뢰하고 네 명철을 의지하지 말라 너는 범사에 그를 인정하라 그리하면 네 길을 지도하시리라(잠 3:5-6).

너희 염려를 다 주께 맡기라 이는 그가 너희를 돌보심이라

(벧전 5:7).

o Part 2

팬데믹이 남기고 간
상처들

마음은 저절로
치유되지 않는다

3. 접촉 결핍

거리두기로

사랑과 접촉에

굶주리다

손자들과 휴가 기간 내내 함께할 여름이 몹시 기다려진다. 어서 빨리 손자들을 보고 싶다. 하지만 이번 여름은 다르다는 것을 안다. 아이들이 밖에서 노는 동안 나는 유리창을 통해 지켜보기만 해야 할 것이다. 아이들이 손을 흔들며 작별인사를 하면 나는 당장 달려가 안고 싶은 마음을 억누르며 눈물을 흘릴 것이다.

사랑의 언어, 터치(touch)

인간으로서 우리는 연결을 갈망한다. 육체적인 접촉은 우리의 본능 중 하나이다. 우리는 접촉을 필요로 하는 존재로 태어났다. 과학에 따르면 피부의 접촉은 첫 숨을 내쉰 이후로 우리에게 가장 중요한 경험 중 하나이다. 이것이 아기가 태어나자마자 엄마의 품에 안기는 이유이다. 하나님은 우리를 서로 접촉하는 존재로 설계하셨다. 육체적 접촉이 면역력을 강화하고 심리 상태를 개선하며, 말 그대로 우리의 생명을 구할 수 있다는 연구 결과가 나와 있다.[1]

접촉은 사랑, 관심, 환영의 마음을 전달하는 수단이다. "이것은 우리가 부모와 연결되고 자신을 달래며 남들에게 애정을 표현하는 수단이다. 인간적 터치와 연결은 너무도 중요해서, 애정이 결핍된 가정에서 자란 아이들은 발달 및 행동 장애를 보일 가능성이 남들보다 훨씬 높다."[2]

몇 년 전만 해도 '접촉 없는 문화'를 상상조차 할 수 없었다. 그런 문화는 불가능했다. 하지만 더 이상 그렇지 않다. 이제는 접촉하지 않는 삶이 일상이 되었다. 봉쇄 조치가 시행되기 전에 당신이 하루에 사람들과 얼마나 많이 접촉했는지에 관해서 생각해 본 적이 있는가?

봉쇄 기간에는 당연히 서로 접촉할 수 없었다. 하지만 코로나가 끝난다고 해도 이제는 삶의 모습이 바뀌었기에 사람들은 가급적 서로 접촉하지 않을 것이다. 코로나 백신 접종이 속도를 내는 상황에서도 사회적 거리두기는 지속되고 있다. 하지만 이것은 궁극적인 해법이 아니다. 우리는 서로 가깝게 지내도록 창조되었다. 서로 2-3미터 떨어져서 지내는 상황은 관계를 쌓거나 두려움을 줄이는 데 큰 걸림돌이 된다.

한 대학생은 이 상황을 이렇게 정리했다. "이 팬데믹으로 인해 사람들이 서로 육체적으로 떨어져서도 아무렇지 않게 잘 살 수 있다고 착각하게 될까 봐 걱정이다. 타인과의 육체적 접촉은 혼자서는 만들어 낼 수 없는 일들을 가능하게 한다. 예를 들어, 스크린은 누군가의 팔이 우리의 어깨를 두르는 느낌을 대신할 수 없다. 적지 않은 사람들이 자가 격리에서 끝내 벗어나지 못할까 봐 걱정한다. 두려움과 불확실성으로 인해 우리는 세상과의 육체적 연결 중 일부를 완전히 잃어버릴 수 있다."[3]

접촉이 중요한 이유

접촉은 왜 그토록 중요할까? 한 가지 이유는 우리의 피부가 몸에서 가장 큰 기관이고 두 개의 감각기 또는 수용기

(receptor)를 갖고 있기 때문이다. 첫 번째 수용기는 감정을 확인하고 통제하는 데 도움을 준다. 두 번째 수용기는 감정을 통해 남들과 연결되는 데 도움을 준다. 이 두 번째 수용기가 중요하다.

접촉이 중요한 또 다른 이유는 우리의 몸과 마음과 뇌가 서로 분리되어 있지 않고 다 연결되어 있기 때문이다. 접촉을 하면 우리의 뇌에서 실제로 생물학적 변화가 이루어진다. "스트레스 호르몬은 줄어들고 뇌 세포의 생존은 개선된다."[4] 접촉은 위로와 애정을 표현한다. 오래 살고 싶다면 반드시 접촉이 필요하다.

그렇다면 봉쇄, 사회적 거리두기, 급격한 변화를 겪는 삶을 어떻게 헤쳐 나가야 하는가? 제한 조치들이 풀려도 남들과 함께 보내는 시간은 회복되기 쉽지 않다. 접촉의 필요성은 여전하다. 하지만 이제 우리는 접촉할지 말지를 선택할 권리마저 빼앗겼다.

가장 중요한 사랑의 언어 가운데 하나는 육체적 접촉의 언어이다. 접촉의 필요성은 전에 없이 높아지고 있다. 많은 사람이 평소보다 더 접촉을 갈구하고 산다. 한때 사랑의 포옹을 나누는 시간이었던 가족 모임을 이제는 자제해야 하는 분위기이다. 손의 온기가 전해지던 악수는 주먹이나 팔꿈치를 부딪치거나 고개를 숙이는 것으로 바뀌었다. 많은 기업이 재택근무를 시행하기 시작했다. 관심을 끌거나 질문을 하기 위해 상대방의 어깨를 두드리는 행동은 사라지고 대부분 문자 메시지나 이메일을 사용한다. 전자 기기가 발달하면서 육체적으로 함께할 필요성이 크게 줄어들었다. 컴퓨터 스크린으로 상대방을 보는 것은 곁에 나란히 앉아 있는 것에 비할 수 없다. 하지만 스크린을 통한 상호작용은 공허하게 느껴진다. 서로를 만지는 것은 인간 상호작용의 가장 기본적인 방식이다.

접촉은 우리가 자신을 진정시키기 위해 사용하는 가장 기본적인 도구이다. 접촉을 너무 안 하다보면 '접촉 굶주림'에 빠질 수 있다. 혹시 다음과 같은 경험을 해 보았는가? 예를 들어, 눈물을 참는 경우를 생각해 보라. 감정이 우리 안에 갇혀서 표출되지 못하면 온몸이 제약을 받는다. 하지만 터치 한 번이면 자유로워질 수 있다.

한 여성은 이런 경험을 이야기했다. "등이 아파서 마사지 숍을 찾아갔다. 마사지사는 내 어깨의 뭉친 곳을 풀어 주면서 엄마의 죽음에 관한 내 이야기에 귀를 기울여 주었다. 당시 나는 상실감에 사로잡혀 있었다. 엄마를 사랑하면서도, 자녀를 잘 챙기지 못했던 엄마가 죽도록 미웠다. 마사지사에게 답답한 속을 털어놓는 동안 마사지사의 터치는 내 영혼을 부드럽게 해 주었다. 오랜만에 실컷 울면서 답답함을 털어 버릴 수 있었다."[5] 접촉을 통해 억눌린 슬픔의 눈물을 터뜨릴 수 있다.

접촉은 커뮤니케이션의 한 방식이기도 하다. 나는 2년 넘게 일주일에 한 번씩 물리치료를 받았다. 갈 때마다 물리치료사는 나를 20번씩 터치했다. 효과는 대단했다. 육체적 접촉을 통해 연결되지 않고서는 그만한 효과를 보지 못했을 것이다. 특별히 뭉친 곳이 없는데도 단순히 터치를 원해서 병원을 찾는 이들도 있다. 안타깝게도 요즘에는 온라인으로 처방전을 받는 경우가 늘고 있다. 접촉은 점점 과거의 유물이 되어 가고 있다.

접촉은 각종 질병에 시달리는 사람들의 신경계통뿐 아니라 그들을 돌보는 사람들의 면역 체계도 강화해 준다. 암에 걸린 사람들의 등 마사지를 예로 들 수 있다. 접촉은 모든 질병에 걸린 사람들에게 긍정적인 영향을 미치는 것으로 밝혀졌다.[6] 접촉은 우울증에 빠져 공격적인 성향을 보이는 청소년들에서부터 초조해하는 노인들까지 모든 사람에게 좋은 영향을 미친다. 마사지는 그 모든 증상의 완화에 도움이 된다.

터치는 남들과 연결되고 뇌를 변화시키기 위한 가장 좋은 방법 중 하나이다. 앞서 말했듯이 접촉을 하면 기분을 조절하여 행복감을 낳는 호르몬인 옥시토신이 분비된다. 따라서 접촉 결핍을 해결할 방안을 찾는 것이 매우 중요하다. 다행히 꼭 다른 사람의 터치가 아니라도 이 문제를 해결할 방안이 존재한다. 근본적인 해법은 아닐지 모르지만 이 힘든 시기에는 다음과 같은 방법으로 위안을 얻을 수 있다.

- 자신의 머리카락을 쓰다듬거나 가족에게 쓰다듬어 달라고 한다.
- 자신의 팔다리를 마시지한다.
- 샤워 후에 몸에 바디오일이나 로션을 바른다.
- 바디필로우를 사용한다. 바디필로우는 다른 사람을 껴안은 것과 비슷한 효과를 주어 스트레스를 감소시킨다.
- 두툼하고 무거운 담요를 사용한다. 두툼한 담요는 안정감을 주어 트라우마, 상실감, 걱정을 완화시킨다. 두

툼한 담요는 부드러운 포옹처럼 느껴진다.

• 춤을 추라. 설령 혼자 집에서 좋아하는 음악을 들으며
  몸을 흔들어도 춤은 기분 좋게 하는 화학물질을 분비
  시킨다.[7]

비할 데 없는 친구

연결되기 위한 또 다른 중요한 방법은 반려동물들과 양
질의 시간을 보내는 것이다. 반려동물만큼 인간의 감정을
잘 달래 주는 존재도 없다. 그래서인지 팬데믹 기간에 반려
동물 판매와 분양이 크게 늘었다. 수많은 사람이 반려견이
나 반려묘로 집 안의 허전한 분위기를 전환하려고 시도한
다. 사람들을 만날 기회가 없는 상황에서 외로움을 달래거
나 집에만 틀어박혀 있는 아이들을 즐겁게 해 주려는 사람
들이 많다보니 반려견과 반려묘의 수요가 크게 늘었다.[8]

내가 키우는 골든레트리버를 데리고 산책을 나가면 꼭
사람들이 다가와 "쓰다듬어 봐도 돼요?"라고 묻는다. 다들
온순한 개의 털을 쓰다듬는 것을 좋아한다. 그런데 개를 쓰

다듬는 것이 건강에 좋다는 것을 모르는 사람이 많다. 개를 쓰다듬으면 마음이 진정되는 효과가 있다. 스트레스를 받을 때 개를 쓰다듬으면 혈압이 떨어지고 심장박동이 정상화된다.

몇 년 전 내 책 *A Friend Like No Other : How Dogs Enrich Our Lives*(비할 데 없는 친구)를 홍보하기 위해 동부 지역에 간 적이 있다. 이 책은 내가 개와 함께하는 삶의 즐거움에 관해서 쓴 네 권의 책 중 첫 번째였다. 당시 내 개를 데려가지는 않았고 출판사에서 개를 데려왔다. 나는 농담 삼아 "렌트 개"라는 표현을 썼다. 이 골든레트리버는 조련사와 함께 왔다. 이 개와 함께 회의장 안을 걷다가 사지마비에도 불구하도 놀라운 사역을 하는 조니 에릭슨 타다(Joni Erickson Tada)를 만났다. 잠시라도 이야기를 나누고 싶었지만 타다는 약속이 있다며 자신을 따라오라고 말했다. 약속 장소에 도착해서 그녀가 처음으로 한 행동은 의자 위에 놓여 있던 자신의 팔을 풀어 개의 머리와 등 위에 놓는 것이었다. 순간, 그녀의 얼굴에 기쁨이 번졌다. 그녀의 팔이 개의 촉감을 얼마나 느꼈을지는 모르겠지만 그녀는 개를 만지고 개와 연결되기를 원했다.

최근 한 친구가 오랫동안 양로원에서 살아온 할머니에 관한 이야기를 해 주었다. 하루는 친구가 자신이 키우던 큰 개를 데리고 양로원을 방문했다. 친구가 방에 들어가자 이 할머니가 침대에서 일어나 앉았다. 할머니는 개에게 가까이 오라고 손짓했다. 개가 꼬리를 흔들며 다가오자 할머니는 몸을 기울여 쓰다듬기 시작했다. 한 시간 남짓 그렇게 하는 동안 할머니는 심신이 진정되었다. 할머니는 개에게 자신의 인생 이야기를 들려주었다. 이 일방적인 대화는 한참 동안 지속되었다. 마침내 할머니는 다시 침대에 누웠다. 할머니는 홀에서 모든 간호사들이 자신의 이야기를 듣는 것을 보고 깜짝 놀라 물었다. "왜들 그래? 내가 뭘 잘못했소?"

　한 간호사가 미소를 지으며 대답했다. "아뇨. 정말 잘하셨어요."

　내 친구가 떠나려고 몸을 일으키자 수간호사가 팔을 붙잡고 말했다. "5년 내내 거의 한마디도 하시지 않던 분이에요. 그런데 오늘 인생 이야기를 다 하셨네요. 할머니의 터치에 반응하면서 유심히 들어줄 존재가 필요했었나 봐요."

　나 역시 치료견의 도움을 많이 받았다. 몇 년 전 우리 어머니는 숙련된 간호사들이 있는 요양 시설에서 지내셨다. 그때 나는 매일 어머니를 찾아갔는데, 늘 우리 집 개를 데려갔다. 그때마다 어머니는 몇 분간 개를 쓰다듬고 나서 내게 고개를 돌리셨다. 그런데 매번 점점 더 많은 사람이 나를 기다리는 것을 발견했다. 아니, 정확하게는 내가 아니라 내 개를 기다리는 것이었다. 얼마 뒤 나는 개를 로비로 데려가 사람들에게 말했다. "저는 어머니와 이야기를 좀 나누려고 합니다. 혹시 그 동안 제 개를 돌봐 주실 분 계시나요?" 그러자 모두가 손을 들었다. 모두가 내 개와 시간을 보내고 싶어 했다. 애교 만점인 우리 집 개는 앞발을 들어 사람들을 부드럽게 터치했고, 사람들이 자신을 쓰다듬는 동안 얌전하게 앉아 있었다.

대부분의 개가 가장 원하는 하나의 터치가 있다. 그것은 바로 주인의 터치이다. 우리 집 개는 밤마다 만져 달라고 나를 졸졸 따라다니고, 내가 쓰다듬어 주면 좋아서 낑낑거린다. 내가 아무리 관심을 주어도 녀석은 만족할 줄을 모른다.

이런 면에서 당신과 나도 개와 다르지 않다. 우리는 접촉을 갈구한다. 부모, 배우자, 자녀, 친구, 하나님의 접촉,

즉 터치를 원한다. 우리는 우리를 만져 주는 존재 없이 살아갈 수 없다. 인생 최악의 트라우마 중 하나는 방치된 기억이다. 방치는 이 팬데믹과 함께 시작되지 않았다. 세계 어디에서나 늘 방치되는 이들이 존재해 왔다. 후진국의 고아원들에서는 아기들이 하루 23시간 동안 침대에 누운 채 사랑과 접촉에 굶주리고 있다.

신약에는 예수님이 사람들을 만지시고 사람들이 예수님을 만진 이야기가 다수 등장한다. 우리 주님은 그저 고개를 끄덕이거나 악수를 하는 것만으로도 충분한 상황에서 사람들을 포옹해 주곤 하셨다. 복음서들은 예수님을 만지려고 했던 사람들에 관한 이야기로 가득하다. 어린아이들, 예수님의 옷깃을 만지려고 필사적으로 인파를 뚫고 들어온 혈우병 걸린 여인, 눈물과 함께 예수님의 발에 기름을 붓고 자신의 머리카락으로 닦은 창기, 의심으로 인해 예수님의 상처를 자신의 손으로 직접 느껴보기 전까지는 믿을 수 없다고 말했던 제자 도마 등이 있다.

당시에는 질병이나 율법적인 부정함으로 인해 만져서는 안 되는 사람들이 많았다. 당시의 유대 법은 분명했다. 너무 심하다고 생각하는가? 하지만 지금 우리도 안전을 위해 "코로나를 옮길지 모르니 나를 만지지 마시오!"라고 말하는 세상에서 살고 있다. 존 오트버그(John Ortberg)는 *Love Beyond Reason*(이성을 초월한 사랑)에서 우리 주님의 터치를 상기시킨다.

> 한센병 환자는 예수님을 만지려고 시도하지 않았다. 그것은 상황을 이해했기 때문이다. 그는 법을 잘 알고 있었다. 하지만 예수님이 어떻게 하셨는지를 보라. "예수께서 불쌍히 여기사 손을 내밀어 그에게 대시며 이르시되 내가 원하노니 깨끗함을 받으라 하시니."

> … 예수님은 굳이 한센병 환자를 만지지 않고도 그를 깨끗하게 하실 수 있었다. 멀찍이 떨어져서 다른 기적을 사용하실 수도 있었다. 아니, 그냥 말씀만 하셔도 충분했다. 그분의 말씀은 그의 몸을 치유했지만 그분의 터치는 그의 영혼을 치유했다. 하지만 예수님은 사람들이 뭔가를 이해하기를 원하셨다.

> 터치에는 예수님이 상대방을 치유하기 위해 기꺼이 그의 고통을 나누셨다는 의미가 있다. 이것은 십자가의 전조이다. 예수님은 우리가 그분의 생명을 얻을 수 있도록 우리

의 죄를 짊어지셨다. 그분이 채찍에 맞음으로 우리가 나음을 얻었다.

전염병의 시대에 우리는 거리를 유지하는 법을 배운다. 고통받는 사람들에게 너무 가까이 다가가면 그들의 고통에 전염될지 모른다. 불편해질지 모른다. 하지만 그들의 상처에 닿을 만큼 가까이 다가가야 그들이 우리의 사랑에 닿을 수 있다.

예수님은 제자들에게 거리두기 속에서 살라고 명령하시지 않으셨다.[9]

육체적인 포옹은 아니지만 예수님은 지금도 여전히 우리를 만지신다.

예수님의 제자인 우리는 터치를 갈구하는 주변 사람들에게 어떻게 다가가서 그들을 만져 줄 수 있을까? 우리는 불과 얼마 전만 해도 당연하게 여기던 것을 빼앗겼다. 하지만 하나님은 "만져라!"라고 말씀하신다. 터치는 망가진 사람에게 치유를 가져다준다. 우리가 새로운 방식으로 친구에게 팔을 두르거나 안아 주어야 할 때다.[10] 남을 '안아 주는' 사람이 되기 위한 방안을 제안한다.

1. 시간을 내서 친구에게 편지를 써 보라. 우편함에서 뜻밖의 뭔가를 발견하면 그의 하루가 밝아질 것이다. 그 편지를 볼 때마다 그는 당신의 관심과 애정을 기억할 것이다.

2. 친구를 그리워하는 외로운 아이에게 어린이 책을 사서 선물하라.

3. 마당에서 꽃을 꺾거나 작은 꽃바구니를 사서 이웃집 문 앞에 선물로 놓으라.

4. 친구나 가족에게 식사를 대접하는 대신 레스토랑 상품권을 우편으로 보내라.

5. 사랑하는 사람들과 멀어지지 않도록 최대한 자주 영상 통화를 하면서 눈을 마주치라.

6. 이 밖의 다양한 창의적인 방법들을 찾으면 남들과 나에게 모두 유익할 것이다.

4. 근심과 걱정

마음속에 떨어진
한 방울의 걱정이
점점 삶을 가라앉게 만들다

불안감, 공포, 두려움, 고립감, 근심과 걱정과 같은 감정은 우리에게 익숙하며, 삶의 모든 측면에 스며들어 있다.

"어떻게 해야 할지 모르겠어. 갑자기 남편이 매일 최전선에서 싸우는 군인이 된 것 같아. 남편은 집 근처 대형 병원의 응급 치료실에서 근무해.

코로나19 환자들이 응급실로 몰려오면서 걱정이 이만저만이 아니야. 가장 친한 친구의 남편은 팬데믹이 시작된 직후 실직했어. 그래서 나더러 배부른 소리를 한다고 말해. 물론 남편이 잘리지 않고 일하는 건 너무 감사해. 하지만 남편이 집에 올 때마다 불안해.

남편이 오늘은 코로나에 걸리지 않았을까? 나와 두 아이에게 전염시키면 어쩌지? 남편과 포옹해도 될까? 같은 방에서 자도 될까? 아니면 남편은 당분간 따로 지내야 할까? 수입이 필요하기는 하지만 남편의 목숨이 더 중요해. 끝이 보이지 않아 답답해. 이 악몽이 도대체 언제쯤 끝날까? 항상 신경이 곤두서 있어."

요즘 걱정에 빠져 사는가? 이 이야기가 남의 이야기 같지 않은가?

걱정의 시대, 모든 것이 꿈이라면 좋겠다!

얼굴에 근심, 걱정이 가득하다. 긴장, 흥분, 구역질 등이 걱정의 증상이다. 심장이 빠르게 뛰기도 한다. 걱정은 위험할 때 경계심을 끌어올리는 긍정적인 측면도 있다. 적정량의 걱정은 단기적으로 기억력과 집중력을 향상시킨다. 마감일이 닥치면 생산성이 급격히 높아질 수 있다. 하지만 걱정이 너무 많으면 몸이 굳어서 움직이지 못할 수 있다. 고대 그리스인들은 걱정을, 사람을 무너뜨리기 위해 일어나는 힘으로 여겼다.[1]

우리는 걱정의 시대에 살고 있다. 걱정이 우리의 생각을 지배하고 감정에 영향을 미치며 육체적 힘을 고갈시키고 있다. 걱정은 불청객이요 파괴적인 침입자다. 걱정은 사람을 가리지 않고 공격한다.

우리는 늘 걱정에 시달려 왔지만 지금은 더 심해졌다. 오늘날 세상에는 걱정과 두려움의 구름이 짙게 드리워져 있다. 우리는 불확실성이 가득한 세상에서 살고 있다.

걱정은 곧 닥칠 일로 인해 마음이 고통스러울 정도로 불안한 상태이다. 팬데믹이 시작된 후로 우리는 전전긍긍하며 살아왔다. "이번에는 또 무엇을 잃을까? 이번에는 어떻게 버틸 수 있을까?" 매일 수치가 증가해 왔다. 꿈이었으면 좋을 상황이 이어지고 있다. 걱정이 늘어만 간다. 자꾸만 포기라는 단어가 떠오른다.

불안감과 걱정은 우리 몸의 비상 시스템을 가동시킨다. 예를 들어, 식은땀이 흐르고 근육이 긴장되고 심장박동이 빨라지고 숨이 가빠진다. 걱정은 정신과 육체 모두에서 표출된다.

걱정은 안정감을 깨뜨린다. 끊임없이 불안해한다. "또 어떤 문제가 생길까?" "이젠 무엇을 의지해야 할까?" 안정적인 삶은 끝났다고 생각한다. 그래서 "~하면 어쩌지?"라며 늘 고민한다. 뇌가 주로 부정적인 생각으로 반응하기 시작한다. '코로나에 걸려서 회복되지 못하면 어쩌지?' '직장에서 쫓겨나 가족을 먹여 살리지 못하면 어쩌지?' '자녀가 제대로 공부를 못해서 졸업을 못하면 어쩌지?' 우리는 혼란 속에서 살고 있다. 걱정과 염려는 우리의 삶을 방해하는 '기쁨 도둑'이다.

하박국 선지자는 걱정과 염려의 몇 가지 흔한 증상을 보여 준다.

> 내가 들었으므로 내 창자가 흔들렸고 그 목소리로 말미암아 내 입술이 떨렸도다 … 썩이는 것이 내 뼈에 들어왔으며 내 몸은 내 처소에서 떨리는도다(합 3:16).[2]

걱정은 유독하다. 걱정은 독한 생각이다. 마음속에 떨어진 한 방울의 두려움은 점점 불어나 급기야 다른 모든 생각을 잠기게 만든다.[3] 생각이 통제 불능으로 날뛰게 두면 걱정으로 발전한다. 생각이 날뛰면 그 생각의 시작과 끝이 하늘과 땅만큼 달라질 수 있다.[4]

과도한 걱정은 고통을 낳고 우리의 삶을 방해한다. 걱정은 문제만을 바라볼 뿐 다른 면은 보지 않고 좋은 소식을

거부하는 상태이다.[5]

성경에서 보는 걱정과 염려

성경에는 걱정과 염려에 관한 구절들이 있다. 예를 들어, 누가복음 21장 14-15절은 이렇게 말한다. "너희는 변명할 것을 미리 궁리(걱정)하지 않도록 명심하라(마음을 먹으라). 내가 너희의 모든 대적이 능히 대항하거나 변박할 수 없는 구변과 지혜를 너희에게 주리라." 어떻게 이렇게 할 수 있을까?

누가의 명령은 우리에게 그렇게 할 능력이 있다는 가정을 함축하고 있다. "마음을 먹으라"라는 말은 우리에게 걱정할지 걱정하지 않을지 선택할 능력이 있다는 뜻이다. "마음을 먹으라"는 "미리 생각하라"라는 뜻의 헬라어를 번역한 것이다.

베드로전서 5장 7절은 이렇게 말한다. "너희 염려를 다 주께 맡기라 이는 그가 너희를 돌보심이라." 여기서 "맡기라"는 '포기하다' 혹은 '털어놓다'라는 뜻이며, 염려는 불안과 걱정이다.

이사야는 이렇게 선포했다.

> 주께서 심지가 견고한 자를 평강하고 평강하도록 지키시
> 리니 이는 그가 주를 신뢰함이니이다(사 26:3).

우리가 무엇을 생각하기로 선택하든 그것은 걱정과 염려를 낳거나 쫓아낸다. 걱정하는 사람은 부정적인 생각을 골몰히 하기로 선택한 사람이다. 하나님이 길을 마련해 주셨지만 우리도 행동을 취해야 한다. 걱정과 염려에서 해방될 수 있지만 그러기 위해서 우리가 해야 할 일은 해야 한다. 걱정거리가 아닌 하나님께 생각을 집중시키라.

코로나19는 새로운 질병이지만 걱정은 오래된 질병이며 상상의 질병이다. 이것은 부지불식간에 서서히 우리의 삶을 잠식하는 바이러스이다. 이런 일이 벌어지면 원하는 대로 살 수 있는 능력이 사라진다. 걱정과 염려의 패턴을 바꿀 방법이 있을까? 물론이다. 마태복음 6장 27절에서 예수님은 이렇게 물으신다. "너희 중에 누가 염려함으로 그

키를 한 자라도 더할 수 있겠느냐?" 답은 "그럴 수 없다"이다. 다시 말하지만 걱정은 '기쁨 도둑'이다. 걱정할 거리가 산더미처럼 많은 가운데서 어떻게 기쁨을 찾을 수 있을까?

첫째, 최대한 많은 독서로 생각의 삶을 통제하라. 무엇보다도 내 책 *Overcoming Fear and Worry*(두려움과 걱정 극복하기)와 타마르 E. 챈스키(Tamar E. Chansky) 박사의 《내 아이가 불안해할 때》(*Freeing Yourself from Anxiety*)를 추천한다. 이 책들은 우리의 삶, 특히 생각의 삶과 뇌를 통제할 수 있도록 도움을 줄 수 있다. 우리의 뇌는 공격을 받고 있으며, 방어 자세에서 공격 자세로 전환할 필요성이 있다(내 책 *How to Keep Your Brain Healthy*(뇌를 건강하게 유지하는 법)를 보라).

둘째, 걱정에서 벗어난 휴가를 가라. 즉 걱정이나 불안감이 없다면 어떤 일을 하겠는가? 매일 그 일을 할 시간을 따로 떼어 놓으라. 그 시간만큼은 걱정하지 않도록 현관 앞에 "걱정, 출입 금지"라는 푯말을 세우라.

감정의 지배를 받지 말라

감정은 가장 먼저 도착해서 자리를 차지한다. 그래서
우리는 찬찬히 생각해 보기도 전에 먼저 감정에 따라 반응
할 때가 많다. 이성이 마음을 진정시키기 전에 감정이 특정
경험의 가장 나쁜 부분을 부각시키는 경우가 많다. 우리의
뇌는 생각하기 전에 먼저 느끼도록 설계되었다. 따라서 걱
정이 밀려오면 깊은 숨을 들이쉬면서 이성이 작동할 시간
을 벌라. 스스로에게 이렇게 말하라. "지금 내가 느끼는 감
정은 나중에 느낄 감정과 다르다."

숨을 깊이 들이마시라

걱정이 될 때는 숨이 가빠지기 쉽다. 그럴 때는 몸이
부정적으로 반응한다. 이런 반응을 막기 위해서 호흡을 늦
추고 진정시키는 데 집중해야 한다. 코를 통해 숨을 깊이
들이마신 뒤 하나, 둘, 셋을 세었다가 입을 통해 천천히 내

뱉으라. 호흡이 정상적으로 돌아올 때까지 이 과정을 반복하라.

걱정할 시간을 정하라

하루 중 걱정하는 시간이 많다면 아예 걱정할 시간을 따로 정하라. 걱정이 시작될 때마다 저녁 6시 30분에서 7시까지(혹은 당신에게 가장 잘 맞는 시간) 걱정할 시간이 있다는 사실을 떠올리고, 그 시간에 모든 걱정을 몰아서 하라. 그 시간 외에는 걱정하지 말라.

걱정 상자를 만들라

내가 50년도 더 전에 배운 한 가지 기법을 소개한다. 바로, '걱정 상자'라는 기법이다. 상자를 하나 골라서 '걱정 상자'라고 쓰라. 걱정이 밀려오기 시작할 때마다 종이에 자세히 써서 상자 안에 넣고 뚜껑을 닫으라. 같은 걱정이 떠오르면 상자 안에 있으니 잊어버릴 걱정이 없다고 스스로에게 말하라. 시간이 지나면 상자 없이도 걱정을 통제할 수 있게 될 것이다.

자신에게 멈추라고 말하라

걱정에 관한 수업을 할 때 학생들에게 이 활동을 가르치고 나서 나중에 발표를 하게 했다. 한 학생은 월요일에 이 실험을 했더니 오랫동안 떨쳐내지 못했던 걱정의 패턴이 금요일에 마침내 깨지는 것을 느꼈다고 발표했다.

아무것도 쓰여 있지 않은 색인 카드의 한 면에 큰 글씨로 "멈추라"라고 쓰라. 다른 면에는 빌립보서 4장 6-9절을 기록하라. 이 카드를 항상 몸에 지니고 다니면서 혼자 있을 때 걱정이 생기기 시작하면 카드를 꺼내 "멈추라"라고 쓴 면을 보며 큰 소리로 "멈추라!"라고 말하라. 그런 다음 카드를 뒤집어서 성경 구절을 역시 큰 소리로 두 번 읽으라.

카드를 꺼내는 행위만으로 마음을 사로잡고 있는 두려움과 걱정의 생각 패턴이 뒤흔들린다. 이 기세를 몰아 "멈추라!"라고 말하면 자동적이었던 걱정의 패턴이 무너져 내린다. 그런 다음 하나님의 말씀을 큰 소리로 읽으면 걱정이 빠져나간 자리를 긍정적인 생각이 채운다. 남들과 함께 있을 때 걱정이 일기 시작하면 같은 방식으로 하되 조용히 하라. 이 활동을 하고 나서 난생 처음으로 걱정이 사라졌다고 고백한 사람이 수없이 많다.

나는 50년 넘게 '멈추라 - 생각하라 카드'와 '걱정 상자' 기법을 전파해 왔는데, 그동안 이 기법으로 걱정에서 해방된 사람을 수없이 보았다.

걱정과 염려에 관해 구체적으로 확인하라

걱정과 염려를 직시하면 그것을 구체적으로 확인할 수 있다. 자신에게 다음과 같은 질문을 던지라.

- 내가 무엇을 가장 걱정하는가?
- 내가 실제로 무엇을 두려워하는가?
- 내가 어떤 일이 일어날 것을 상상하는가? 그 일이 일어날 가능성이 얼마나 된다고 생각하는가? 10퍼센트? 30퍼센트? 70퍼센트?
- 어떤 일이 일어날 가능성이 가장 높다고 생각하는가?

- 최악의 상황이 일어나지 않도록 내가 할 수 있는 일은 무엇인가?
- 이것이 일시적인 문제인가? 영구적인 문제인가?

막연한 걱정을 구체적으로 확인하면 통제할 수 있다.[6]

우리의 감정은 우연의 산물이 아니다. 감정은 우리의 삶 속에서 일어나는 일에 대한 경고음일 수도 있고, 강한 열정의 근원이 될 수도 있다. 감정은 우리에게 무엇이 필요한지 파악하고, 선악을 의식하고, 의욕과 에너지를 얻는 데 도움을 준다. 하나님은 우리의 감정이 삶의 거의 모든 면에 영향을 미치도록 설계하셨다. 감정은 육감과도 같다. 문제는 우리가 감정을 통제하는 것이 아니라 감정이 우리를 지배할 때 발생한다.

이번 장에서 소개한 기법들을 사용하면 하루아침에 효과를 볼 수는 없을지 몰라도 시간을 두고 꾸준히 활용하면 걱정에서 해방될 수 있다. 감정이 활활 타오를 때마다 자신에게 다음과 같이 물으라.

- 내가 이런 감정을 느끼는 원인은 무엇인가?

• 내가 이 감정에 사로잡혀 있지 않다면 무엇을 할까?

부정적인 감정을 통제하면 그 감정의 지배에서 벗어날
수 있다.

5. 분노와 좌절

분노와 좌절만큼
강한 전염병은
없다

"짜증이 난다. 코로나는 내 친구가 아니다. 2주 전 아버지가 넘어져 엉덩이뼈에 금이 가는 사고가 있었다. 그래서 지금 아버지는 혼자 병원에 계신다. 코로나로 나는 이곳, 텍사스 주에 묶여서 다른 주로 이동할 수 없다. 정말 짜증이 난다. 설상가상으로 오늘 또 전화를 받았다. 어제 어머니도 넘어져서 엉덩이뼈에 금이 갔단다. 스트레스가 머리 꼭지까지 치솟는다. 아버지는 힘들지만 사람들이 병문안을 오지 못하는 이유를 이해하신다. 하지만 어머니는 2년 전에 앓은 뇌졸중으로 기억력이 좋지 않다. 가족들이 왜 오지 않는지 이해하지 못하신다. 두 분이 퇴원해서 집에 가서도 걱정이다. 돌봐 줄 사람들이 없기 때문이다. 정말 짜증 난다! 좌절감이 밀려온다!"

만약 이런 사람이 있다고 하면, 이 사람은 분노 상태일까? 물론이다.

감정의 바다에 풍랑이 일다

우리의 감정은 바다와 같으며, 코로나19는 풍랑을 일으켰다. 이 풍랑은 일어났다가 잦아든다. 치솟다가 가라앉는다. 영원히 사라졌다고 생각하는 순간, 더 사나운 모습으로 다시 찾아온다. 좌절감이 치솟고 분노와 걱정과 두려움이 이어진다.

대부분의 분노는 원인을 제거하면 사라진다. 사탕을 얻지 못해 화가 난 아이는 사탕을 얻으면 진정한다. 계획했던 여행이 코로나19로 취소되었다면 다시 여행 계획을 잡으면 좌절감은 가라앉는다. 아이가 가르치는 대로 따라오지 않아서 분노했다면 아이가 말을 듣기 시작하면 분노는 자연스럽게 가라앉는다.

분노의 에너지가 꼭 상처를 주거나 파괴하는 쪽으로 표출될 필요는 없다는 사실을 기억하라. 그 에너지를 건설적인 방식으로 사용할 수도 있다. 다른 목표를 세워 거기에 에너지를 쏟으면 오히려 처음 계획했던 것보다 더 큰 성과를 거둘 수도 있다.

분노로 반응하는 것은 이미 활활 타오르는 불에 기름을 붓는 격이다. 분노한 사람에게 분노로 반응할 때는 더더욱 그렇다. 잠언 15장 1절은 적절한 반응을 제시한다. "유순한 대답은 분노를 쉬게 하여도 과격한 말은 노를 격동하느니라."

이 구절은 사람의 분노가 '당장' 사라진다고 말하지 않는다. 분노는 시간을 두고 서서히 가라앉는다. 자신이 어떤 반응을 할지 미리 정해서 연습해야 할 필요성이 있다. 격한 상황이 올 때까지 기다리면 기존의 반응 방식을 바꾸기 어렵다. 사전에 영적 가르침을 되새기고 연습하면 실제 상황이 왔을 때 저절로 적절한 반응이 나온다.

자, 말을 듣지 않는 가족에게 왜 화를 내는가? 자기 방을 정리하지 않거나 심부름을 하지 않는 아이에게 왜 화를 내는가? 말을 듣지 않는 아이에게 고함을 지르며 화를 내 봐야 그가 옳은 행동을 배우지 않는다. 말 안 듣는 딸에게 분노의 말을 쏟아 낸다고 해서 그 아이가 옳은 행실을 배우지 않는다. 한 번에 되지 않더라도 계속해서 찬찬히 가르치고 설명해 주어야 문제가 해결될 수 있다.

분노의 또 다른 결과는 전염병 보균자가 된다는 것이다. 우리가 분노로 반응하면 그 분노는 주변 사람들에게 쉽게 옮겨 간다. 우리가 배우자에게 분노를 쏟아 내면 배우자도 분노로 반응하는 것은 너무도 당연하다. 우리가 따라야 할 본을 보여 준 셈이다. 물론 배우자도 자신의 감정적 반응에 책임이 있지만 본을 보여 준 사람에게도 엄연한 책임이 있다.

내게 이렇게 말하는 사람이 끊이지 않는다. "남들, 특히 가족들에게는 분노의 말을 하고 싶지 않아요. 하지만 참는 것도 한계가 있어요. 가족을 사랑하지만 가끔은 정말 미워요. 어떻게 해야 할지 모르겠어요."

그러면 나는 주로 이렇게 묻는다. "가족에게 화를 내고 나면 무슨 생각에 집중하나요? 당신이 어떤 말을 했고 가족들이 어떻게 반응했는지에 관해서만 곱씹지 않나요?"

대개는 고개를 끄덕인다. "맞아요. 가족들의 잘못과 나의 파괴적인 말만 계속해서 곱씹어요. 가족들에게 상처를 준 일을 떠올리며 밤새도록 자책하지요."

"실패만 곱씹는 것은 실패를 반복하는 지름길이라는 것을 아시나요?"

그러면 다들 어리둥절한 표정을 짓는다. 하지만 분명 그렇다. '하지 말았어야 하는' 것을 골똘히 생각하면 그것을 또 하게 된다. 나아가, 실패를 곱씹는 데 모든 시간과 노력을 쏟으면 정말 하고 '싶은' 것을 하기 위해 계획하고 실천할 수 없다. 해법 쪽으로 시간과 노력을 돌리면 남들과 커뮤니케이션하는 방식에 큰 변화가 나타날 것이다. 어떻게 반응하고 싶은지에 관심을 집중하면 변화가 나타난다!

좌절감을 줄이고 원치 않는 말을 줄이는 방법들

좌절감을 줄이고 원치 않는 말을 억제하기 위해 취할 수 있는 몇 가지 단계에 관해서 생각해 보자. 첫 번째 단계는 자신의 염려를 털어놓을 수 있는 사람을 찾아 서로 도와줄 수 있는 책임성 관계를 맺는 것이다. 당신을 위해 기도해 주고 당신이 잘하고 있는지 수시로 점검해 줄 수 있는 사람을 선택하라. 이런 노력을 부부가 함께하고 있다면 다른 부부에게 서로에게 책임을 지는 관계를 맺자고 요청하라. 우리 모두는 남들의 도움을 필요로 한다.

자신이 이루고 싶은 변화에 대해서 자신과 남들에게 솔직히 밝히고 책임을 져야 한다. 종이 한 장을 가져와 다음 질문들에 대한 답을 적으라. 그러고 나서 그것을 기도 파트너에게 나누라.

- 원하는 바가 좌절되면 어떤 기분이 드는가? 구체적으로 쓰라. 화를 내고 나면 어떤 기분이 드는가? 짜증과 분노를 폭발하는 것을 즐기는 이들이 있다. 그들은 아드레날린의 폭발과 자신이 상황을 통제하는 것 같은 느낌을 좋아한다. 당신도 이런 부류인가?

- 원하는 바가 좌절될 때 당신의 반응을 통제하고 싶은가? 아니면 그냥 속에서 나오는 대로 반응하고 싶은가? 다시 말해, 이렇게 할지 스스로 결정하고 싶은가? 아니면 감정에 끌려 다니고 싶은가?

- 자신을 절제하고 싶은가? 그렇다면 그것을 위해 얼마나 많은 시간과 노력을 쏟을 용의가 있는가? 변화가 이루어지려면 의욕이 강한 동시에 꾸준해야 한다.

- 남의 행동이 눈에 거슬릴 때 어떻게 반응하고 싶은가? 그럴 때 무슨 말을 하고 싶은가? 구체적으로 말해 보라.

하나님이 사람들에게 영감을 주어 성경을 쓰게 하시고 수세기 동안 그 말씀을 보존해 주신 데는 이유가 있다. 삶을 위한 하나님의 가이드가 가장 좋기 때문이다. 우리가 과거에 무슨 경험을 했건 어떻게 배웠건 상관없이 하나님의 계획은 통한다!

다음의 잠언 구절들을 각각의 색인 카드에 쓰라.

칼로 찌름 같이 함부로 말하는 자가 있거니와 지혜로운 자의 혀는 양약과 같으니라(잠 12:18).

노하기를 더디 하는 자는 크게 명철하여도 마음이 조급한 자는 어리석음을 나타내느니라(잠 14:29).

노하기를 더디하는 자는 용사보다 낫고 자기의 마음을 다스리는 자는 성을 빼앗는 자보다 나으니라(잠 16:32).

좌절과 분노에 관한 또 다른 성경 구절들을 찾아서 색인 카드에 적어 보라. 3주 동안 아침저녁으로 이 구절들을 읽어 자신의 것으로 만들라. 성경을 읽고 듣는 것이 매우 중요하다. 이 두 활동이 합쳐지면 삶이 변한다.

미리 계획할 때만 변화가 가능하다. 아무리 좋은 의도를 품은 사람이라도 일단 좌절 - 분노의 기제가 작동을 시작하면 명료한 사고를 하기가 힘들어진다.

좌절감이 일어날 때 어떤 말을 하고 싶은지 미리 정하라. 구체적으로 정하라. 자신의 반응을 글로 적어서 자신과 기도 파트너가 함께 읽으라. 상담할 때 주로 나는 내담자들에게 새로운 반응을 연습하게 한다. 그러고 나서 그 반응에 따라 나도 반응을 한다. 내담자들은 나를 상대로 연습하면서 자신의 말을 다듬는다. 이렇게 몇 번 반복하면 새로운 반응에 대한 불안감이나 불편함은 사라지고 자신감이 생기기 시작한다. 배우자나 기도 파트너를 상대로 연습해 보라.

좌절감을 느끼는 순간, 말이나 행동을 '뒤로 미루는' 훈련을 하라. 잠언은 분노하기를 '더디' 하라고 수차례 권고한다. 평생에 걸쳐 형성된 말의 습관을 바꾸고 싶다면 반응을 천천히 해야 한다. 좌절감과 분노를 있는 그대로 당장 표출하면 그것은 마치 폭주기관차와도 같다. 기관차가 속도를 내기 전에 붙잡아 옳은 방향으로 궤도를 바꾸어야 한다.[1]

방향을 바꾸기 위한 좋은 방법 중 하나는 '유도 단

어'(trigger word)를 사용하는 것이다. 속에서 좌절감과 분노가 일어날 때마다 "멈춰", "생각해", "통제해"와 같은 말로 속도를 늦추고 반응을 통제하라. 이런 말은 방향을 바꾸고 새로운 반응을 유도하는 말이다.

내가 좌절감을 주는 상황을 이겨 내기 위해 자주 추천하는 방법 중 하나는 상대방이 우리에게 좌절감을 주는 행동을 머릿속에서 재현해 보게 하는 것이다. 이렇게 하면 좌절감을 가라앉히고 올바른 반응을 할 시간을 벌 수 있다.

다 포기하고 상대방이 마음대로 하게 놔두라는 말이 아니다. 매우 해로워서 직접적인 반응을 필요로 하는 행동들이 분명히 있다.

내가 위와 같은 전략을 제안하면 대부분의 사람들이 회의적인 반응을 보인다. 한 사람은 이렇게 말했다. "선생님의 제안을 처음을 들었을 때는 말도 안 된다고 생각했습니다. 하지만 시도해 보니 정말로 좌절감이 줄어들었습니다. 경직된 얼굴이 풀렸고, 차분한 상태에서 상대방을 다룰 수 있었습니다."

대부분의 사람들은 자기 대화를 한다. 자신에게 큰 소리로 말하거나 중얼거리는 사람도 있다. 우리의 마음이 커

다란 아이패드이고, 우리가 언제라도 재생할 수 있는 말을 끊임없이 다운로드하고 있다고 생각해 보라. 안타깝게도 우리는 이런 말을 사실로 믿게 될 수 있다. 자기 대화에는 막대한 힘이 있다. 이 힘에 관해서 읽어 본 적이 없는가? 한 번 보면 깜짝 놀랄 것이다(내 책 *A Better Way to Think*〔더 나은 생각〕을 보라).

내적 대화 혹은 자기 대화를 통해 우리는 좌절감을 길들일 수도 있고 좌절감이 날뛰게 만들 수도 있다. 우리가 남들에게 하는 말과 행동은 남들의 행동과 반응에 관해서 자신에게 무슨 말을 하느냐에 따라 결정된다. 사실, 우리의 가장 강한 감정들(분노, 우울증, 죄책감, 걱정)뿐 아니라 인간으로서 우리의 자아상은 우리의 내적 대화에서 발생하고 발전한다. 따라서 좌절감이 상처를 주는 독한 말로 표출되지 않도록 막기 위해서는 내적 대화를 바꾸는 것이 반드시 필요하다.

분노를 가라앉히는 자기 대화의 예는 다음과 같다.

- 다른 사람의 말이나 행동을 감정적으로 받아들이지 않겠다.
- 어떤 일이 일어나도 내 좌절감과 분노를 통제할 수 있

다. 내 삶 속에 계신 예수님과 그분의 능력으로 인해 나는 그렇게 할 수 있다.

- 진정하고 나를 통제할 것이다.
- 화를 돋우는 말에 "흥미롭군요"나 "생각해 볼게요" 혹은 "좀 더 자세히 말씀해 주실래요?"와 같은 말로 반응할 것이다.
- 이 상황에 너무 신경을 쓸 필요가 없다.
- 화가 나기 시작하면 당장 반응하지 않고 깊이 숨을 들이마시면서 마음을 진정시킨 뒤에 의식적으로 부드러운 말을 사용하라.[2]

성경은 우리의 생각에 관해서 많은 말을 한다. 부정적인 내적 대화에 시달리고 있다면 다음 성경 구절들을 색인 카드에 써서 매일 아침저녁으로 읽을 것을 추천한다. 다음 성경 구절들이 도움이 된다.

주께서 심지가 견고한 자를 평강하고 평강하도록 지키시리니 이는 그가 주를 신뢰함이니이다(사 26:3).

육신의 생각은 사망이요 영의 생각은 생명과 평안이니라 육신의 생각은 하나님과 원수가 되나니 이는 하나님의 법에 굴복하지 아니할 뿐 아니라 할 수도 없음이라(롬 8:6-7).

하나님 아는 것을 대적하여 높아진 것을 다 무너뜨리고 모든 생각을 사로잡아 그리스도에게 복종하게 하니(엡 4:24).

아무 것도 염려하지 말고 다만 모든 일에 기도와 간구로, 너희 구할 것을 감사함으로 하나님께 아뢰라 그리하면 모든 지각에 뛰어난 하나님의 평강이 그리스도 예수 안에서 너희 마음과 생각을 지키시리라 끝으로 형제들아 무엇에든지 참되며 무엇에든지 경건하며 무엇에든지 옳으며 무엇에든지 정결하며 무엇에든지 사랑 받을 만하며 무엇에든지 칭찬 받을 만하며 무슨 덕이 있든지 무슨 기림이 있든지 이것들을 생각하라 너희는 내게 배우고 받고 듣고 본 바를 행하라 그리하면 평강의 하나님이 너희와 함께 계시리라(빌 4:6-9).

그러므로 너희 마음의 허리를 동이고 근신하여 예수 그리스도께서 나타나실 때에 너희에게 가져다 주실 은혜를 온전히 바랄지어다(벧전 1:13).

'소용없어'라는 생각으로 이 방법을 사용하면 실제로 소용이 없을 것이다. 대신 이렇게 생각하라. '내 좌절감과 분노를 다스리기 위해 적극적으로 노력하겠어. 이렇게 하면 남들과의 관계가 크게 변할 거야. 이 방법으로 성장하면 내 커뮤니케이션 방식이 몰라보게 좋아질 거야.'

화를 폭발했을 때의 장점과 화를 다스렸을 때의 장점을 적어 비교해 보면 긍정적인 태도를 유지하는 데 도움이 된다. 둘 중 어떤 결과를 원하는가? 위의 방법을 사용하면 그런 결과를 얻을 가능성이 훨씬 높아질 것이다.

6. 외로움

나만이 아니라
모든 이들이
외로움과 싸우고 있다

우리는 혼자 살도록 창조되지 않았다. 그래서 가장 끔찍한 형벌이나 고문 중 하나는 고립이다. 창문도 인간적 접촉도 없는 빈방에 홀로 앉아 상념에만 잠기게 놔두는 '독방 감금'은 사람의 의지, 살고 성장하고 의미를 찾으려는 의지를 파괴하기 위해 사용되는 형벌이다. "고립은 인생의 모든 단계에서 우울증, 수면 질 저하, 집행기능 손상, 인지 감퇴 가속화, 심혈관 기능 저하, 면역력 저하를 비롯한 건강 악화로 이어질 수 있다."[1]

태초부터 인간은 조금도 변하지 않았다. 하와는 하나님이 "사람이 혼자 사는 것이 좋지 아니하니"라고 말씀하셨기 때문에 창조되었다(창 2:18). 예전에는 외로움과 고립에 관한 이야기가 별로 들리지 않았지만 팬데믹으로 상황이 완전히 바뀌었다. 자택 대기 명령은 우리 삶의 모든 부분에 영향을 미쳤다. 출근, 여가, 교육, 여행, 오락이 중지되고 가족, 친구, 낯선 이들과의 접촉이 최소한으로 제한되었다. 코로나19가 터지기 전에는 외로움을 실감하지 못하는 사람이 많았다. 외로움은 막연히 슬프고 섬뜩한 것처럼 들렸다. 나와는 상관없는 낯선 공허함의 세계처럼 느껴졌다. 하지만 더 이상 그렇지 않다. 장기 요양 시설 거주자들에서부터 사춘기다운 사춘기를 보내지 못하고 있는 십대까지 모두가 외로움에 직면했다. 갑작스러운 인간적 접촉의 최소화는 삶의 질을 크게 떨어뜨렸다.

외로움과 싸우는 사람들

몇 년 전 84세의 여성이 쓴 글을 읽은 적이 있다.

너무 외로워서 죽을 것만 같다. 손가락과 팔목이 아파서 글을 쓸 수가 없다. 인간은 머리카락 한 톨 보이지 않는다. 수화기는 종일 울릴 생각을 하지 않는다. … 아무런 말소리도 들리지 않는다. … 휴일 같은 것은 잊고 산 지 오래이다. 내 생일은 이번 달이다. … 나보다 외로운 사람이 세상에 있을까? 어떻게 해야 할지 모르겠다.

한 오래된 연립주택에서 살던 할머니는 혹시라도 자신에게 전화를 걸거나 편지를 보내 줄 사람이 있을까 하여 우표 몇 장과 1달러짜리 지폐 한 장을 넣은 편지를 〈로스앤젤레스 타임스〉(Los Angeles Times)에 보냈다. 이 신문사에서 전화가 오자 할머니는 울음을 터뜨렸다.

위 이야기 속의 할머니처럼 수많은 노인들이 외로움에 떨고 있다. 스마트폰이 있어도 잘 사용하지 못하니 가족들과 영상통화라도 하기 위해서는 남의 도움을 받아야 하고, 아주 가끔 가족들이 찾아와도 창문 밖으로 보고 헤어질 수밖에 없는 경우가 많다.

2020년 10월, 콜로라도 주에 있는 한 요양원의 노인들은 코로나 바이러스 제한 조치를 비난하는 시위를 벌였다. 약 20명의 노인들이 거리로 나왔다. 몇몇은 휠체어를 타고 나와 외로움에 저항하는 푯말을 들었다. 그들은 방문한 가족들을 볼 수 있었지만 접촉 없이 2미터 이상 떨어져서 바라보기만 해야 했다. 그들은 많은 것을 바라지 않았다.

그저 손자들을 안고 고사리 손을 꼭 잡아보기를 갈망했다.[2]

팬데믹 전에도 외로움의 구름은 이미 세상에 짙게 드리우기 시작했다. 범인은 바로, 전자 기기들이다. 2016년 한 저자는 다음과 같이 썼다.

> 우리는 상호작용을 최소화하는 시대에 살고 있다. 우리는 가까운 관계를 쌓기보다 전자 기기들에 의존한다. 이런 것에 의존할수록 사람 사이의 거리는 더 벌어진다.[3]

전자 기기들은 유용하다. 재택근무와 재택 수업이 늘어나는 지금, 전자 기기들은 꼭 필요하다. 봉쇄 기간에도 우리는 전자 기기들 덕분에 가족들과 연락을 주고받을 수 있다. 전자 기기들 덕분에 집에서 나올 수 없는 가족과 친구들의 얼굴을 볼 수 있다. 하지만 어떻게 해야 일상이 회복된 이후에도 계속해서 전자 기기들이 얼굴을 맞댄 만남을 대신하지 않을 수 있을까?

익명이 보장되는 전자 기기를 선호하는 이들이 있다. 누군가는 이렇게 말했다. "앱과 전자 기기들은 재미있다. 하지만 익명성 때문에 우리의 상호작용은 더 피상적으로 변하고 있다."[4]

우리는 감정을 말로 표현하는 대신 문자의 이모티콘을 사용한다. 하지만 문자 메시지는 곡해되어 서로가 상처를 받을 때가 얼마나 많은가. 페이스북, 틱톡, 핀터레스트, 인스타그램 같은 SNS 플랫폼은 직접적인 상호작용을 대신할 수 없다. 스크린을 통해 남들의 삶을 보면 열등감과 외로움이 밀려올 수 있다.

문제는 전자 기기 자체가 아니라 그것을 그릇되게 사용하는 우리에게 있다. 컴퓨터와 스마트폰은 우리 삶에서 뗄 수 없는 부분이 되었다. 심지어 휴대폰은 손에서 내려놓은 뒤에도 계속해서 우리의 삶에 영향을 미친다. 이렇게 하루 종일 전자 기기들과 상호작용하는 상황은 남들과 가까워지는 데 도움이 되지 않는다. 우리가 놀 때도 전자 기기를 갖고 놀다보니 얼굴을 맞댄 상호작용은 좀처럼 이루어지지 않는다. 서로 가까워질 기회가 점점 줄어들고 있다. 전자 기기의 사용이 폭발적으로 늘어나는 이 상황에서 어떻게 균형을 찾고 유지할 수 있을까?

봉쇄 조치 기간 동안 가족들과의 관계가 가까워졌는가? 함께 만나는 시간이 없다보니 거리감이 생겼는가? 가족이 아닌 다른 사람들과의 관계는 어떠한가? 관계가 변함없이 유지되었는가? 시간을 내어 다음과 같은 질문에 답해 보라.

- 누구와 가까운가?
- 고립으로 인해 누구와 더 이상 가깝지 않은가?
- 팬데믹으로 인해 누구와 더 가까워지게 되었는가?
- 가족 및 친구들과의 연락을 유지하기 위해 전자 기기들을 사용했는가?
- 사람들과 상호작용하는 것보다 휴대폰으로 게임을 하거나 앱을 다운로드하거나 인터넷을 하는 데 더 많은 시간을 사용했는가? 이것이 남들과 연결된 상태를 유지하는 데 어떤 영향을 미쳤는가?

고립감과 외로움을 느낄 때 계속해서 전자 기기들에 의존하는가? 아니면 실제 사람에게 다가가는가? 휴대폰을 내려놓고 친구를 만나 산책을 하거나 커피를 마시며 담소를 나누면 어떨까? 남들과 얼굴을 맞대고 대화하는 것이야말로 '진짜' 활동이다.

고립과 외로움에서 벗어나기

고립에서 벗어나기 위해 어떻게 외로움을 극복할 수 있을까? 어떻게 하면 사랑하는 사람들과 다시 연결되고 새로운 사람들과 의미 있는 관계를 맺을 수 있을까? 뭔가 새로운 시도를 하고 의미 있는 대화를 나누어야 할 때다. *Stop Being Lonely*(외로움은 그만)의 저자는 다음과 같은 제안을 한다.

- 더 깊은 대화를 나누라 - 자신의 상황을 묘사하는 세 가지 단어를 나누고, 상대방에게도 똑같이 하게 하라.
- 필요한 것과 가치 있는 것을 원하는 것과 구분하라 - 팬데믹 이후로 이 구분이 변했는가?
- 서로를 가깝게 해 주는 질문들을 하라 - 당신이 받고 싶은 질문을 던지라.
- 서로 차이를 받아들이면서 하나가 될 수 있는 공동체를 찾으라.
- 과거와 미래에 관해서 긍정적으로 이야기하라 - 삶이 어떻게 변했고, 앞으로 무엇을 이루고 싶은가?

- 당신의 내적 세상을 편안하게 드러내라 - 좀처럼 남들에게 이야기하지 않는 삶의 영역 하나를 선택해서 거리낌 없이 털어놓으라.

관심을 보이는 방법들

- 긍정적인 감정과 부정적인 감정을 느끼고 확인하라 - 그런 감정에 관해서 말하고 상대방과 함께 그 감정들을 다루라.
- 공감을 경험하라 - 상대방의 말에 귀를 기울이고 그의 입장에서 생각하라.
- 자신의 정체성을 잃지 않으면서 상대방과 깊이 연결되라.
- 상대방을 아낀다는 점을 분명히 표현하라 - 그를 위해 기도하고, 함께 있을 때 그에 관한 질문을 하라.
- 상대방과의 이견을 다루면서도 상대방을 아낀다는 느낌을 주라.
- 장기적으로 상대방과의 연결 상태를 유지하라.[5]

전에 이런 것을 시도해 본 적이 있는가? 결과는 어떠했는가? 좋은 친구(혹은 친척)와 주기적으로 깊은 대화를 나누라.

서로 가까워지고 외로움이 사라지려면 자신의 삶을 열어 보여야 한다. 45년 전 내 삶에 큰 영향을 끼친 한 책에 이런 대목이 나온다. "나의 진짜 모습을 당신에게 말해 주고 싶지만 당신이 나의 진짜 모습을 싫어할지도 모르고 나도 당신의 진짜 모습을 모르기 때문에 나의 진짜 모습을 말하기가 두렵다."[6] 이런 심정이었던 적이 있는가?

누구와 친밀함을 느끼는가? 여기서 강조점은 '느낌'이다. 누가 당신을 아는가? 누가 당신의 내적 세상을 아는가? 누군가를 안다는 것은 그 사람의 관점에서 그를 이해한다는 것이다. 누가 당신을 이런 식으로 아는가? 무엇이 사람들과 가까워지는 데 걸림돌 역할을 하는가?

외로움을 들고 하나님께 나아가다

자신을 솔직히 드러내는 삶은 사람들과의 관계가 아니라 하나님과의 관계 속에서 시작된다. 먼저 우리의 문제,

외로움, 의심, 두려움을 하나님 앞으로 가져가야 한다. 시편 139편 1-2절에서 다윗은 이렇게 말한다. "여호와여 주께서 나를 살펴보셨으므로 나를 아시나이다 주께서 내가 앉고 일어섬을 아시고 멀리서도 나의 생각을 밝히 아시오며."

시편 139편 전체를 다 읽어 보라. 하나님은 모든 것을 아시고 어디에나 계신다. 그분이 당신을 아시며 당신과 개인적인 관계를 맺기 원하신다. 기도로 그분께 나아갈 때 아무것도 숨기지 말라.

하나님의 존전에서 서서히 가면을 벗으면 그분이 우리를 있는 그대로 받아 주시고 사랑하신다는 사실을 발견하게 된다. 이어서 하나님은 우리가 사람들과의 관계 속에서도 가면을 벗도록 도와주신다. 자신과 자기 삶의 굴곡을 직시하고 남들에게도 솔직히 드러낼 수 있어야 한다. 그리스도가 우리를 향해 팔을 뻗고 계신다는 사실을 믿을 때만 이것이 가능하다.

어떻게 하면 하나님께 더 가까이 다가갈 수 있을까?

• 매일 기도하는 시간을 가지라. 꾸준히 기도하고, 기도

할 때 하나님과 친구처럼 이야기하라. 마음을 조용히 가라앉히고 외로운 마음을 향해 주시는 하나님의 음성에 귀를 기울이라.

- 매일 성경을 읽으라.

- 신나는 음악을 들으라. 아침에 씻고 준비할 때 찬양을 들으면서 하루를 시작하라.

- 온라인 성경 공부 모임에 참여하라. onlinestudy. lifeway.com을 추천한다. 언제 어디서나 전 세계의 다른 신자들과 함께 하나님 말씀을 공부할 수 있다. 각자의 스케줄에 맞출 수 있고, 하나님 말씀을 공부하면서 남들과 연결될 수 있다.

- 교회에 가서 다른 신자들과 교제하라. 야외 모임이든 실내 모임이든, 마스크를 쓴 모임이든 벗은 모임이든, 각자 편한 대로 하라.

사회적 거리두기가 시행 중인데 어떻게 외로움 및 고립과 싸울 수 있을까? 다음과 같이 하면 제한 조치 속에서도 외로움을 줄일 수 있다.

- 누군가에게 다가가 서로 연결되라. 그와 통화나 화상 통화를 하는 시간을 정하라. 줌(Zoom)을 통해 멀리서 나마 함께 게임을 하거나 식사를 하라.

- 감사할 일에 시선을 고정하라. 매일 세 가지 일에 대해서 하나님께 감사하라.

- 모닝커피나 햇살이나 비 같은 단순한 것들을 즐기라.

- 아이들과 함께 외로운 노인에게 편지를 써서 보내라. Operation Gratitude(operationgratitude.com)에 보내도 좋다. 그곳에서 그 편지를 전국의 군인들에게 보내 줄 것이다. 아이의 글이나 그림은 외로운 사람에게 큰 위로가 될 수 있다.

- 사회적 거리두기로 인해 나이를 막론하고 모든 사람이 외로움을 느끼고 있다. 힘들어 하는 사람에게 다가가 친절을 베풀라. 그것이 그 사람뿐 아니라 당신에게도 유익할 것이다.[7]

사람들이 서로 돕는 법을 배우는 것이 얼마나 아름답고 귀한지 모른다. 모든 인간은 자신의 말에 진정으로 귀를 기울이고 깊이 이해해 줄 사람을 필요로 한다. 이 필요성은 아무리 강조해도 지나치지 않다. "국가들 사이의 대화만이 아니라 부부들 사이 대화까지 세상의 모든 대화를 들어보라. 대개 귀머거리들의 대화이다."[8]

7. 갇힌 미래

현재에 갇힌
우리의 아이들,
미래를 잃어버리다

당신이 이제 막 여덟 살이 된 아이라고 상상해 보라. 리틀리그가 시작되었고, 당신은 단짝 친구 세 명과 같은 팀에서 뛰고 있다. 엄마는 할머니가 아프셔서 할아버지 집에 가셨다. 하지만 내일 첫 경기 시간에 늦지 않게 오실 것이다.

금요일 아침에 학교에 가니 선생님이 코로나 바이러스라는 병 때문에 학교가 쉰다고 말한다. 집에 돌아오니 아빠가 리틀리그 시즌이 연기되었다고 말한다. 엄마는 자가 격리 때문에 2주간 집에 올 수 없다고 한다. 이제 아버지는 집에서 일하시지만 종일 휴대폰을 들고 있고 당신은 할 일이 없다. 무료하게 텔레비전을 보는데 전 세계적으로 코로나가 수많은 사망자를 낳고 있다는 기사가 꼬리를 문다. 엄마는 집에 없고 아빠는 바쁘다. 이야기할 사람도 없이 혼자 외로움을 달래려니 슬프기도 하고 화가 나기도 한다.

아이들의 슬픔은 간과되고 있다. 그들이 겪는 상실은 죽음만이 아니다. 학교는 문을 닫았다. 친구들과 마음껏 밖에서 뛰어놀던 시간이 갑자기 사라졌다. 실직으로 인해 부모가 겪는 스트레스, 코로나 바이러스로 인해 가족을 잃은 슬픔, 이런 것이 우리 아이들이 코로나 팬데믹과 함께 갑자기 겪기 시작한 뜻밖의 상실이다.

상실은 삶의 자연스럽고도 필연적인 부분이다. 상실의 감정을 다루고 그 과정에서 성장하는 법을 배우는 것은 아이들의 정서적 발달에서 매우 중요한 요소이다. 아이들이 변화와 슬픔의 거친 파도를 잘 헤쳐 나가도록 부모가 잘 지도해야만 그들이 나중에 커서 삶의 상실을 잘 다룰 수 있다. 죽음, 온라인 수업, 자택 대기 명령 같은 상실 속에서 아이들은 제대로 슬퍼하는 법을 배워야 한다(이에 관한 유용한 서적으로 *Experiencing Grief*[슬픔을 경험하기]를 추천한다).[1] 아이들의 슬픔과 상실을 인정하는 것이 중요하다.

모든 나이의 아이들이 슬픔을 경험한다

슬픔은 어른이나 청소년들만 느끼는 것이 아니다. 어린 아이들도 다양한 방식으로 감정을 표출한다. 아이들은 상실의 의미를 이해하지 못하기 때문에 얼핏 쓸데없어 보이는 질문을 계속해서 한다. "왜 이제는 친구와 함께 놀 수 없어요?" "왜 마스크를 써야 해요? 너무 더워요."

개념이 형성되는 데는 시간이 걸린다. 그래서 아이들은 뜻밖의 변화와 상실이라는 개념이 아직 완벽히 형성되지 않은 상태이다. 그로 인해 당연히 철없는 행동을 할 수밖에 없다. 상실된 것이 돌아오지 않으면 아이들은 화를 낸다. 아이들은 상실의 의미를 정확히 이해하지 못한다. 그래서 실직이나 가족의 죽음 같은 변화가 나타나면 아이들은 트라우마를 겪을 수 있다. 그렇게 되면 아이들은 안정감을 잃고 불안해한다.

아이들이 좀 더 나이를 먹으면(세 살 때부터) 소위 마술적 사고라는 것을 하게 된다. 그것은 자신의 생각이 사람과 사건에 영향을 미칠 수 있다는 믿음이다. 이 나이 대에는 두려움이 증가한다. 주변의 위협적인 사건들을 의식하기 시작한다. 부모의 걱정을 눈치 채고 따라서 걱정하기 시작한다.

아이들은 어떤 경험의 한 측면에 관심을 집중하고 나머지 모든 것을 무시한다. 당신도 이런 적이 있는가? 아이들은 전체 그림을 분명하게 보지를 못한다. 상실의 의미를 이해하지 못한다.

병원에 입원한 할아버지에게 병문안을 갈 수 없을 때 아이들은 다음과 같이 묻거나 생각할 수 있다.

- 다른 사람이 병문안을 가는 건가요?
- 할아버지는 두통이 심해서 병원에 가셨대. 엄마도 머리가 아프대.
- 나이가 많으면 죽어. 우리 할아버지는 죽을까?

아이들과 이야기할 때는 무엇이든지 분명히 설명하라. '아주, 아주 아픈 것'과 그냥 아픈 것의 차이를 설명해 주어야 한다. 격리는 아이들이 바이러스에 감염되지 않도록 돕는 것이라고 설명해 주라. 아이들은 커가면서 상실, 나아가 죽음을 이해하는 능력을 기른다.

상실을 경험하면 아이들은 현실 부정을 대응기제로 사

용할 수 있다. 통제 불능의 상황이 두려워진 아이는 홀로 있을 때만 감정을 표출할 수도 있다. 그래서 무신경하고 애정이 없어 보일 수 있다. 아무렇지 않게 보일 수 있다. 그럴 경우 부모는 아이의 슬픔이 얼마나 깊은지 의식하지 못 할 수 있다. 따라서 아이들에게 감정을 표출해도 된다고 자꾸만 말해 주어야 한다. 부모가 슬퍼하며 감정을 표현하는 모습을 아이에게 보여 주면 아이 스스로도 슬픔을 다룰 수 있게 된다. 말하기, 그림, 노래는 감정을 표출하기에 좋은 방법들이다.

아이들의 슬픔에는 다음과 같은 특징이 있다. 이 특징들을 읽으면서 당신에게도 해당하는 특징이 있는지 보라.

- 아이들의 감정은 일상 속에서 전혀 예측하지 못했던 순간에 툭 튀어나온다.
- 아이들은 슬픔을 한쪽으로 치우기를 잘한다. 할아버지의 죽음에 관해서 묻다가 갑자기 비디오게임을 하고 싶다고 말한다.
- 아이들은 행동으로 슬픔을 표출한다. 이유 없이 성질을 부리거나 운다. 아이들의 언어적 표현은 제한적이다.

• 아이들이 지금 겪는 상실은 어린 시절 내내 그들에게 영향을 미친다. 아이들은 지속적으로 고통을 경험하고 상실을 부정할 수 있다. 그 영향의 일부는 성인 시기까지 이어져 오랫동안 슬픔에서 완전히 벗어나지 못할 수 있다. 그들에게 정상적인 것이 무엇인지 알려 주고 그 방향으로 이끌어 주어야 한다.

슬픔을 다루는 여덟 가지 단계

아이들이 겪는 상실의 종류에 상관없이 그들의 언어와 이해력 수준에 맞추어 설명해 주는 것이 중요하다. 슬픔을 다룰 때 다음 8단계가 매우 중요하다.

1단계: 아이들의 두려움이 줄어들도록 도와주라. 아이들은 자신의 몸이 아프거나 가족이 아프게 되는 것을 걱정하고, 예측할 수 없는 상황을 두려워한다. 아이의 두려움에 관해서 함께 이야기하면 아이가 안정감을 회복할 수 있다. 매일 시간을 내서 아이를 관찰하라. 아이에게 질문을 하고, 아이도 질문을 하게 하라.

2단계: 아이들은 상실을 받아들이고 고통을 경험하고 슬픔을 표현해야 한다. 아이에게 슬퍼해도 괜찮다고 말해 주고 슬픔에 관해서 말해 보라고 하면 아이가 상실을 다루는 데 도움이 된다. 어른과 마찬가지로 아이가 억지로 슬픔을 표출하게 할 수는 없다. 대신, 자신의 감정을 이야기하고 슬픔을 표현할 수 있도록 돕고 가르쳐 주어야 한다. 아이가 말할 준비가 되면 언제라도 들어줄 수 있도록 준비하라. 아이는 안정감을 필요로 한다. 손을 꼭 잡거나 꼭 안고서 눈을 마주치면 아이는 편안함을 느끼고 안심할 것이다. 물론 이렇게 하는 것이 말처럼 쉽지는 않다.

3단계: 아이들은 속에 있는 다양한 감정을 확인하고 표현하기 위해서 도움을 필요로 한다. 아이는 새로운 감정이 느껴지면 혼란스러워하고 당황한다. 그럴 때 아이는 부모에게서 안정감을 찾는다. 아이는 부모에게서 희망과 도움을 찾는다. 아이가 속에서 느끼는 감정을 말로 표현할 수 있도록 '코끼리 엘머'[2]와 '슬픔의 공'[3]을 활용하라(104쪽 그림 참조).

4단계: 아이들은 남들이 왜 슬퍼하고 자신이 왜 슬픈지 알아야 한다. 이런 감정을 인정해 주면 아이는 슬퍼해도

코끼리 엘머

지친, 혼란스러운, 꺼림칙한, 의심스러운,
화난, 슬픈, 흥분한, 좌절한, 자신 있는,
당황스러운, 행복한, 나쁜, 역겨운, 놀란, 분노한,
부끄러운, 지루한, 의기양양한, 조심스러운, 의기소침한,
엄두가 나지 않는, 희망적인, 외로운, 사랑받는,
뜻밖의, 부러운, 걱정스러운, 고통스러운,
충격을 받은, 부끄러운,
두려운, 너무 좋은

슬픔의 공

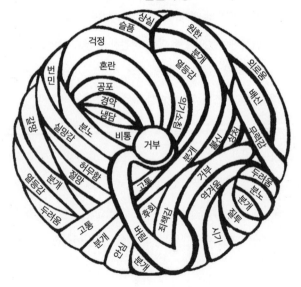

'괜찮다는' 것을 알게 된다. 아이에게 이렇게 말하라. "이것은 사람이 죽으면 느껴지는 감정이란다." "학교(혹은 할머니 집)에 갈 수 없는 것 때문에 화가 나는 건 당연한 거야."

단, 아이에게 너무 많은 것을 바라지 말라. 아이가 자신만의 방식으로 반응하도록 허용하면 슬픔을 다루는 데 도움이 된다. 아이는 부모가 예상한 방식대로 슬픔을 표현하지 않고 자신만의 방식으로 슬픔을 표출할 수 있다. 아이의 말에 귀를 기울이고 아이의 반응을 유심히 관찰하면서 아이가 슬픔에 잘 대처하도록 도우라.

5단계: 아이들에게 사람들이 슬퍼하는 이유를 말해 주어야 한다. 설명이 없으면 아이는 자신이 뭔가를 하거나 하지 않아서 남들이 슬퍼한다고 오해할 수 있다. "지금은 정말, 정말 슬픈 시기야." "할머니한테 아주, 아주 슬픈 일이 일어났어." "엄마와 아빠는 …때문에 슬프단다."

말해 주지 않으면 아이는 혼란스러워할 수밖에 없다. 아이가 자신의 상상이나 다른 아이들의 말에 의존하게 놔두는 것은 좋지 않다.

6단계: 아이들이 변화와 상실을 받아들이고 기억하고 돌아보도록 격려하라. 이렇게 하면 나중에 겪을 상실에 대비할 수 있다. 누가 당신에게 슬픔에 관해서 가르쳐 주었는가? 어른으로서 당신은 급작스러운 변화와 상실을 적절히 다룰 준비가 되어 있는가? 온실의 화초처럼 자란 사람은 인생의 굴곡을 아는 사람만큼 슬픔을 잘 다루지 못한다.

7단계: 아이들도 단념할 것은 단념하는 법을 배워야 한다. 당분간 축구장에서 경기를 관람할 수 없다는 사실을 받아들였는가?

8단계: 아이들은 나이와 정서적 성숙도에 따라 상실에 대해 다르게 반응한다. 아이가 질문을 하면 "너는 몰라도 돼!"라는 식으로 대충 넘어가지 말고 성실하게 답변하라. 나쁜 일이 일어날 때 이유를 물어도 괜찮다고 말하라. 함께 이겨 내자고 말하라. 편지나 노래로 감정을 표현해도 좋다고 말하라.[4]

아이가 상실에 대해 슬퍼하지 못하는 이유를 파악해야 한다. 당신에게 어떤 문제가 있고 그것이 자녀에게 어떤 영향을 미쳤는가? 다음 요인들이 이런 문제를 유발하는 경우가 많다(다음 목록을 읽으면서 당신의 가정이나 학교, 교회에서의 실제 사례들을 생각해 보라).

- 당신이 지난 상실에 대해 슬퍼하지 못하고 팬데믹 기간에 극심한 감정의 기복을 보일 때, 아이의 좌절감을 인정하고 받아주지 못할 때도 해당한다. 그럴 때 아이는 어떻게 반응해야 할지 모른다. 아이가 울면 이렇게 다그치는가? "이겨 내! 너만 그런 게 아니야. 금년에는 아무도 생일 파티를 하지 못했어."

- 당신이 변화를 다루는 방법에 대해 심각하게 고민할 때, 누구보다 혼란스러울 수 있는 아이가 오히려 당신을 위로하려고 노력한다.

- 아이가 진정하려고 너무 애를 쓰는 경우도 있다. 하지만 속으로는 두려움에 사로잡혀 있다. 아이가 말로는 괜찮다고 하면서도 밤에 잠을 잘 이루지 못하는가? 그렇다면 밤마다 아이에게 다음과 같은 성경 말씀을 큰 소리로 읽어 주라.

"네가 누울 때에 두려워하지 아니하겠고 네가 누운즉 네 잠이 달리로다"(잠 3:24).

"내가 나의 침상에서 주를 기억하며 새벽에 주의 말씀을 작은 소리로 읊조릴 때에 하오리니 주는 나의 도움이 되셨음이라"(시 63:6-7).

"내 속에 근심이 많을 때에 주의 위안이 내 영혼을 즐겁게 하시나이다"(시 94:19).

"내가 평안히 눕고 자기도 하리니 나를 안전히 살게 하시는 이는 오직 여호와이시니이다"(시 4:8).

- 당신이 자신의 문제와 씨름하느라 너무 바쁘면 아이가 당신에게 자신의 감정을 편하게 말할 수 없다.
- 가족이 상실과 변화의 현실을 인정하고 함께 토론하지 않는다.[5] 다들 아무런 일도 일어나지 않은 것처럼 이전의 삶으로 돌아간다.

가족이 상실과 변화를 겪으면 아이는 뭐든 재미있는 것을 하면서 쉬어야 한다. 가능하다면 친구들과 노는 것이 좋다. 아이들, 특히 더 어려서 말이 서투른 아이들에게 놀이는 중요한 표현의 통로이다. 아이스크림을 사주거나 함께 산책이나 드라이브를 하는 것도 아이가 감당하기 어려운 변화를 잠시나마 잊게 해 줄 수 있는 한 방법이다.

아이가 텔레비전에서 무엇을 보는지 잘 살피라. 이번

장의 첫머리에서 소개한 여덟 살 아이처럼, 뉴스에 반복적으로 노출되면 악영향을 끼친다. '거실 증인'(living room witnesses)이나 'CNN 트라우마' 같은 말이 나온 것도 무리는 아니다. 밤마다 코로나19 사망자 숫자를 주요 기사로 내보내는 뉴스를 본 지도 2년이 넘었다. 이런 기사 이후에 폭동과 총기 사고 뉴스가 이어지는 패턴이 무한반복이 되고 있다. 자녀에게 세상을 알려 주는 것도 중요하지만 폭력과 죽음에 관한 뉴스의 폭격에 자녀를 계속해서 노출시키면 불필요한 트라우마와 두려움을 유발할 수 있다.

어른들은 자택 대기 명령의 이유를 충분히 이해하고 있다. 하지만 아이들은 그렇지 못하다. 아이가 이런 일이 또 일어날지 모른다는 두려움에 빠지지 않도록 조심하라. 아이의 말에 참을성 있게 귀를 기울이고 질문에 답해 주라. 함께 성경을 읽고 기도하며, 휴대폰을 손에서 놓고 함께 어울리고, 온 가족이 함께 요리를 하는 식으로, 서로 가까워질 수 있는 시간을 가지라. 한 번 해 보면 아이들이 그 시간을 얼마나 기다리는지 알게 되어서 깜짝 놀랄 것이다. 그리고 아이들이 나이를 먹어서도 계속해서 그런 식으로 살아가게 될 것이다.

십대들의 멈춰 버린 삶

2020년 5월, 6주간의 격리와 온라인 학습 후 한 십대의 삶은 '시간이 남아돌' 정도로 한가로워졌다. 원래 이 학생은 수영을 즐기고 학교 악단에서 활동했으며 반의 부회장이었다. 하지만 학교가 문을 닫고 봉쇄 조치가 시행되면서 이 학생의 왕성한 활동은 갑자기 멈추고 말았다. 누구보다 활달하고 활동적이던 딸이 조용해지고 외로워지자 부모는 딸 걱정에 주름살이 늘었다.[6]

팬데믹은 우리 십대들에게 깊은 영향을 미쳤다. 그들의 삶이 말 그대로 멈춰 버렸다. 원래는 서서히 부모로부터 독립해야 할 나이에 집 안에 갇히고 말았다. 평생에 한 번밖에 할 수 없는 경험들을 놓치고 있다. 졸업, 첫 아르바이트, 타지 대학에서의 기숙사 생활, 댄스파티, 스포츠 활동, 사실상 또래 아이들과의 모든 모임이 끽 소리를 내며 급정거해 버렸다.

미지의 질병과 봉쇄 조치가 아니더라도 십대 시절은 질풍노도의 시기이다. 어떤 이들에게 사춘기는 쉴 새 없이 위기가 이어지는 시기이다. 그런가 하면 변화가 좀 더 부드럽게 이루어지는 이들도 있다. 하지만 전반적으로 사춘기는 인생에서 가장 힘든 시기 중 하나다. 자기 의심, 열등감, 또래 압력으로 롤러코스터처럼 끊임없이 출렁거리는 시기이다.

코로나19는 사춘기 아이들의 삶에 거대한 충격을 더해 주었다. 불안, 우울증, 자살 충동이 급증했다. 정신 질환이 전에 없이 기승을 부리고 있다. "스트레스가 급격히 늘고 있다. 웬만한 어른도 경험해 보지 못한 수준으로 치솟았다."[7] 십대들은 사춘기 시기의 많은 부분을 포기해야만 하는 상황이다. 한 소아과 의사이자 청소년 전문가는 다음과 같이 제안했다.

> 그들의 말에 귀를 기울이고 이 시기에 반드시 어떻게 행동하거나 느껴야 한다는 법은 없다는 점을 알려 주라. 걱정하고 슬퍼하고 버거워하고 두려워해도 괜찮다. 심지어 아무렇지 않다고 느껴도 괜찮다. 청소년들이 이전만큼 잘해야 한다는 압박감 없이 이 힘든 시기를 지날 수 있도록 고삐를 풀어 주라. 감정을 무시하거나 축소하거나 다른 감정으로 억지로 대체시킴으로써 모든 것을 '고치려는' 충동을 거부하라. 청소년들이 활동으로 지루함을 풀거나 안

전한 환경에서 친구들과 만나 즐기도록 도와주라. 당신의 걱정과 그것을 어떻게 다루고 있는지 말함으로써 그들만 힘든 것이 아니라는 점을 보여 주라. 때로 외부의 도움을 필요로 하는 것, 의사나 치료사의 도움을 구하는 것이 전혀 잘못된 것이 아니라는 점을 이해시키라.[8]

청소년들은 안전과 안정을 필요로 한다. 아이와 어른 사이에서 그들의 감정은 요동을 친다. 그들이 머리로 '아는' 것과 몸으로 '느끼는' 감정은 다르다. 코로나19로 그들의 삶에 큰 변화가 닥쳤다. 이 힘든 변화의 시기에 그들에게 도와줄 가족이 있다는 점을 계속해서 상기시켜 주어야 한다. 부모는 자신의 감정을 그들에게 솔직히 털어놓으면서 그들도 느끼는 바를 솔직히 말하도록 이끌어 주어야 한다.

십대들에게 실패에서 회복하는 법을 가르치면 팬데믹 시기를 무사히 지날 뿐 아니라 훗날 필요한 인생의 기술들을 배우는 데 큰 도움이 될 것이다. 다음 제안들이 도움이 될 것이다.

불안을 설명하라

십대 자녀에게 '투쟁 도피'(fight or flight) 반응을 설명해 주면 위협 앞에서 아드레날린이 치솟고 불안해지는 현상을 이해하는 데 도움이 된다. 자녀가 불안을 느끼면 산책이나 글쓰기나 그림 같은 보다 생산적인 일에 집중하도록 이끌라.[9] 근심과 염려에 관한 4장의 제안과 활동들은 십대 청소년들에게도 유용하다.

실망감을 인정해 주라

십대들이 팬데믹 기간에 겪고 있는 실망스러운 일은 한두 가지가 아니다. 자녀가 실망감을 표현하도록 권장하라. 꿈과 계획이 갑작스럽게 바뀌는 상황에서 슬퍼하고 화가 나는 것은 당연하다고 인정해 주라. 잃어버린 것에 대해 적극적으로 슬픔을 표현하게 하면 좋다. 그 아이가 겪은 상실 하나하나에 대해 편지를 쓰거나 부모나 친구와 함께 말로 작별을 고하는 시간을 가지면 도움이 된다. 이것은 부모 자신에게도 필요할 수 있다. 부모로서 우리는 자녀에 대해 품었던 꿈의 많은 부분을 포기할 수밖에 없었다. 우리도 자녀 못지않게 상실감을 겪고 있다.[10]

인생의 기술들을 가르치라

상실감을 다루는 시간에 자녀에게 인생의 기술들을 가르치라. 예를 들어, 함께 식사를 준비하고 빨래를 하고 예산을 세우고 돈을 지혜롭게 사용하는 법을 토론하라.[11]

웃음은 좋은 약이다

"웃음은 가장 좋은 약이요 기쁨과 행복을 끌어올리기 위한 가장 빠른 방법이며 스트레스의 해독제이다. 스트레스는 화학적으로 우리의 몸과 영혼에 영향을 미쳐 우리의 몸을 망가뜨린다. 웃음이 말 그대로 화학적인 작용을 일으켜 '스트레스 호르몬의 수치를 거의 즉각적으로 낮춘다'는 사실이 과학적으로 증명되었다."[12] 십대 자녀와 함께 자주 웃으라.

긍정적인 면에 초점을 맞추라

매일 십대 자녀에게 어떤 좋은 일이 일어났는지, 감사할거리가 무엇인지 묻는 시간을 가지라. 감사한 일을 찾기가 힘든 날도 있겠지만 어떻게든 부정적인 면에 초점을 맞추지 않고 '좋은' 면을 찾기 위해 자녀와 함께 노력하라.[13]

하나님과 관계를 쌓는 시간에 대해 말하라

십대 자녀에게 성경을 읽으며 하나님과 관계를 쌓는 시간을 가지라고 권장하라. 매일 온 가족이 한자리에 모여 성경을 읽기 시작하라. 그것이 힘들다면 당신 혼자서라도 시작하라. 읽은 것에 관해 자녀에게 말해 주라. 함께 성경을 공부하면 자녀에게 더 깊은 믿음을 심어 줄 수 있다. 앤지 스미스(Angie Smith)의 *Seamless*(솔기 없는)같은 십대와 어른을 위한 성경 공부 자료는 엄마와 딸이 함께 성경을 공부하는 데 매우 유용하다.

일기 쓰기를 권장하라

자녀에게 일기 쓰기를 권장하라. 자신을 말로 표현하는 것보다 글로 쓰는 편이 더 쉬울 수 있다. 자녀가 일기를 쓰고 원할 때만 보여 주게 하라.

새로운 것을 시도하도록 권장하라

앞서 많은 활동이 취소되고 연기되어 힘들어 하는 십대를 소개했다. 하지만 이야기는 거기서 끝이 아니다.

부모는 그가 자신과 미래에 투자하도록 권유했다. 평

소처럼 해변에서 소풍을 즐기며 엄마의 생일을 축하하던 중 그 아이는 다른 가족들도 자신들처럼 즐길 수 있도록 돕는 럭셔리 피크닉(luxury picnic) 사업을 구상하기 시작했다. 그리하여 가족들이 집 밖에서 색다른 것을 즐기며 안전하게 어울릴 수 있도록 돕는 '호쿠 호스피탈리티'(Hoku Hospitality) 사업이 탄생했다.

십대 아이들에게서는 많은 변화가 나타난다. 특히 부모는 심각한 문제를 간과하지 말아야 한다. 개입해야 할지 아이 스스로 이겨 내게 맡겨야 할지 잘 모르겠다면 다음과 같은 우울증 증상이 보이는지 확인하라.

- 충분한 잠을 잔 뒤에도 극심한 피로를 보인다.
- 집중하기 못하거나 학업에 무관심하다. 학교 공부를 따라가지 못하고 새로운 내용을 잘 이해하지 못한다.
- 분노를 폭발하고 짜증을 부린다. 아이는 분노하는 이유도 모른 채 분노할 수 있다. 하지만 그 분노는 집 안 전체에 분노의 파문을 일으킬 수 있다. 분노는 두려움이나 상처나 좌절감이 일으키는 2차적인 감정이다. 십대 아이가 화를 내면 똑같이 화를 내지 말고 무슨 이유

로 화가 났는지 차분히 물어 보라.

- 권태나 불안 증상을 보인다. 어떤 일에 바쁘게 집중하면 마음이 우울해질 겨를이 없다. 단, 십대 아이들은 새로운 활동에 큰 흥미를 보이다가도 금세 흥미를 잃곤 한다.

자녀가 우울증 증세를 보이고 그 사실을 솔직히 털어놓는다면 귀를 기울이며 공감을 표시하라. 늘 아이의 곁을 지키며 도와주라. 당신의 힘으로 해결하기가 벅차거나 자녀가 말을 하지 않고 정신적으로 심각한 문제가 있어 보인다면 지체하지 말고 소아과 의사나 상담자나 교회 리더에게 연락을 취하라.

코로나19의 변화를 극복하는 것은 십대 아이들만의 힘으로 벅찰 수 있다. 자녀의 건강과 안전을 지키는 것은 부모의 최우선 관심사이며, 이 일을 당신 혼자서 할 필요가 없다. 자녀에게 함께 해결하자며 손을 내밀고, 외부의 도움을 받는 것은 전혀 창피한 일이 아니라고 말해 주라.

Part 3

뉴노멀로
가는 길

회복된 마음으로
다시 시작하는 삶

8. 격려의 힘

힘든 시기에
남들을
세워 주라

우리 모두는 한 배를 타고 있다. 하지만 모두가 같은 풍랑 속에 있는 것은 아니다. 어떤 이들에게는 이 시기가 얼굴에 물 몇 방울이 튀는 정도일 뿐이다. 오히려 스스로는 멈출 수 없었던 바쁜 일상들에서 벗어나 자신을 돌아볼 수 있는 휴식에 가까운 순간이다. 가족들과 다시 연결될 기회이다. 솔직히, 오히려 전보다 더 평온하다.

어떤 이들에게는 이 시기가 풍랑이다. 다소 두렵다. 파괴적이다. 편히 누워 있지 못하고 뉴스를 보며 걱정할 만큼 거친 풍랑이다.

어떤 이들에게는 이 시기가 무시무시한 허리케인이다. 갑판이 찢어져 나갈 정도로 강한 허리케인이다. 지붕이 뜯어져서 날아간다. 배에 있는 물건들이 온통 바다로 쓸려간다. 한 치 앞도 볼 수 없을 만큼 어두컴컴하다. 이들이게 이

순간은 인생이 뒤바뀔 정도의 강도로 느껴진다.[1]

코로나가 만든 틈

얼굴에 튀는 물을 즐기든, 풍랑과 싸우든, 둘 다 잘못된 것은 아니다. 다만 차이를 부정하지는 말라. 가족과 함께 쉬라. 하지만 이웃들을 집어 삼키고 있는 허리케인을 과소평가하지는 말라. 웃을 수 있을 때 웃되 친구들을 위해 무릎을 꿇으라.

세상이 문을 닫고 사회적 거리두기가 시작되면서 우리의 삶은 급격하게 변했다. 우리는 삶의 모든 영역에서 시험을 받았고, 사람들 사이에 갈등이 잇따랐다.

온 가족이 오랫동안 집 안에서 지지고 볶는 데다 언제 일자리를 잃을지 모르는 스트레스까지 더해져서 가족들이 이 시간을 누리며 함께 성장할 길을 찾기보다는 문제만 바라보기가 쉽다.

집에서 독립했던 대학생들은 학교가 문을 닫으면서 부모 집으로 다시 들어와 살아야 했다. 자유를 맛본 뒤에 다시 부모와 같은 지붕 아래에서 사는 스트레스는 갈등으로 이어지기 마련이다.

팬데믹이 계속되면서 우리의 시각과 대처가 가족이나 친구들과 다르다는 사실을 발견한다. 어떤 이들은 바이러스에 취약한 자신이나 가족을 보호하는 것이 최우선이어서 집에 머물면서 남들과 접촉하지 않으려 노력했다. 하지만 격리와 사회적 거리두기의 필요성을 느끼지 못하는 이들도 있다. 위험 감수에 관한 차이는 친구들과 가족 관계에 틈을 만들어 냈다.

- 어떻게 하면 의견이 다른 사람들에게 우리의 의견을 솔직히 전하면서도 그들을 존중할 수 있을까?
- 어떻게 하면 차이를 극복하고 위기에 빠진 관계들을 정상화할 수 있을까?
- 어떻게 하면 위기에 처해서 상황을 다르게 볼 능력이 없는 이들을 도와줄 수 있을까?
- 회복될 수 없을 만큼 망가진 관계를 어떻게 내려놓을 수 있을까?
- 다루기 힘든 사람들에게 어떻게 반응해야 할까?

팬데믹이 시작되기 전에도 다루기 힘든 사람들은 늘 우리 곁에 있었다. 십중팔구 당신 주변에도 다음과 같은 사람들이 있을 것이다.

- 비판자 - 늘 남을 비난하는 사람
- 순교자 - 늘 신세한탄만 하며 희생자처럼 구는 사람
- 비관론자 - 늘 잔이 반이나 비었다고 말하는 사람
- 무조건 밀어붙이는 사람 - '요령'이란 단어의 의미를 모르거나 상처 주는 말을 아무렇지도 않게 하는 사람
- 험담꾼 - 시기가 가득한 사람
- 받기만 하는 사람, 일 중독자, 남을 통제하려는 사람[2]
- 관계적인 떠돌이 - 남들과 의미 있는 관계를 맺지 못하거나 관계를 오래 지속하지 못하는 사람

누군가의 얼굴이 떠오르는가?

다루기 힘든 사람이 생각날 때마다 스스로에게 다음 세 가지 질문을 던지라.

1. 이 사람과 어느 정도까지 얽혀야 하는가?

2. 이 사람과 어느 정도까지 얽힐 필요성이 있는가?

3. 이 사람과 어느 정도까지 얽히고 싶은가?

명심하라. 우리는 다른 사람의 행동이나 생각이나 말을 통제할 수 없다. 하지만 두 가지는 통제할 수 있다. 바로, 우리가 자신에 관해서 자신에게 무엇을 말하고, 남들이 우리에게 하는 말과 행동에 대해 우리가 어떻게 반응할지는 통제할 수 있다. 잠시 다음 질문들에 관해서 생각해 보라.

- 자신에 관해서 생각할 때 자신을 혹평하는가? 아니면 자신을 정당하게 평가하는가?
- 자신에 관한 태도가 집이나 일터나 교회에서 남들과 어울리는 데 어떤 영향을 미치고 있는가?
- 당신의 태도를 누가 통제하는가?

자신을 어떻게 생각하느냐는 자기 인식은 우리의 신념과 태도에 영향을 미친다. 마음속으로 한참 무슨 말을 하다가 그 말이 어디서 온 것인지 궁금해 본 적이 있는가? 자신에 대해 하는 말이 우리의 신념과 태도를 반영한다. 동시에 그 말은 자신을 향한 자신의 태도를 '형성한다.' 자신에 대해 부정적이거나 제한하는 말을 하면 그것이 남들을 대하는 태도에도 영향을 미치며, 남들에게 자신의 의도를 제대로 전달하지 못하게 된다. 또한 남들에게 건강하게 반응하기 위한 에너지가 충분하지 못하게 된다. 내면에 있는 메시지 때문에 자신에 관한 부정적인 느낌을 가져서 그것을 다루는 데 많은 에너지가 허비되기 때문이다.

다른 사람들과 다시 관계 맺는 법

모든 관계를 위한 기초가 되는 성경 구절은 에베소서 4장 2절이다. "모든 겸손과 온유로 하고 오래 참음으로 사랑 가운데서 서로 용납하고." AMP(Amplified Bible) 성경 클래식 에디션은 이 구절을 이렇게 번역한다.

낮은 마음(겸손)과 유순함(이타주의, 온화함, 부드러움), 오래 참음을 온전히 갖추고 서로를 사랑하기 때문에 서로를 참아 주고 용납하는 삶을 살라.

이 구절은 남들의 잘못을 눈감아 주고 겸손과 온유함과 오래 참음으로 반응하라고 말한다. 물론 이것은 쉽지 않다. 우리는 피해를 입었을 때 자신을 보호하려는 경향이 있기 때문이다. 우리는 자신에게 상처를 준 사람을 비난하기를 원한다. 남들과 상호작용할 때 이 구절의 명령을 따르면 남들이 어떻게 반응할까?

남들에 대한 우리의 반응은 우리의 관계에 영향을 미치는데, 특히 한 가지 대응 방식이 매우 중요하다.

서로를 격려하며

'격려하다'(파라무테오마이(paramutheomai))는 위로하고 응원하다는 뜻이다.

데살로니가전서 5장 11절에서 이 단어는 다른 사람이 삶의 일상적인 의무를 다하도록 권장하라는 의미로 사용되었다. "그러므로 피차 권면하고(파라무테오마이) 서로 덕을 세우기를 너희가 하는 것 같이 하라." 여기서는 누군가를 곁에서 지원한다는 의미를 함축하고 있다.

데살로니가전서 5장 14절의 배경에서 이는 스스로를 도울 수 있는 사람을 지칭하는 것으로 보인다. "또 형제들아 너희를 권면하노니 게으른 자들을 권계하며 마음이 약한 자들을 격려하고 힘이 없는 자들을 붙들어주며 모든 사람에게 오래 참으라."

히브리서 3장 13절은 매일 서로를 격려해야 한다고 말한다. 이 구절의 배경에서 격려는 신자가 완악해지지 않도록 보호하는 의미가 있다. "오직 오늘이라 일컫는 동안에 매일 피차 권면하여 너희 중에 누구든지 죄의 유혹으로 완고하게 되지 않도록 하라."

낙관적인 태도로

격려하는 사람이 되기 위해서는 낙관적인 태도가 필요하다. 아메리칸 헤리티지 사전(American Heritage Dictionary)은 '격려'를 잘 정의해 주고 있다. 그것은 "최선의 결과를 예상하거나 상황의 가장 희망적인 측면을 곱씹는 경향 혹은 성향"이다.

이런 태도나 시각을 가진 사람은 남들을 격려할 수 있다. 격려는 '선택한 길을 꿋꿋이 걸어가도록 용기나 확신을 주는 것'이다.

유심히 들어주며

격려는 상대방의 가치와 존엄성을 알아보게 한다. 이는 남들이 말할 때 자신이 이어서 할 말을 생각하지 않고 경청해 주는 것을 의미한다. 이는 상대방의 말을 집중해서 듣고 있다는 느낌을 준다. 우리는 귀로만 듣는 것이 아니라 눈으로도 듣는다.

지적 장애를 안고 태어난 나의 아들 매튜(Matthew)는 말을 잘 못했다. 그래서 나는 눈으로 아이의 메시지를 읽는 법을 배웠다. 나는 매튜의 비언어적 표현에 담긴 메시지를 읽어 낼 수 있었다. 아들 덕분에 나는 남들과의 대화에서도 비슷한 방식으로 무언의 메시지를 잡아낼 수 있다. 내담자들이 말로 표현하지 못하는 것을 이해할 수 있다. 나는 상처, 고통, 좌절감, 절망감, 거부에 대한 두려움, 배신감, 기쁨, 즐거움, 변화의 의지 같은 메시지 이면의 메시지를 읽어 낼 수 있다. 유심히 들어주면 상대방을 격려하고 그의 신뢰를 얻을 수 있다. 격려는 상대방이 행동이나 말을 인정해 주는 것이다. 격려는 상대방이 내게 중요하다는 확신을 준다. 격려하는 것은 곧 존중이다. 격려는 상대방을 세워 주는 것이다!

격려가 필요한 사람 하면 누구의 얼굴이 떠오르는가? 그 사람에게 무슨 말을 해 주면 좋을까? 그가 부정적인 반응을 예상할 때 당신이 오히려 긍정적인 반응을 보여 주면 어떨까?

격려하는 사람은 숨은 보물을 찾는 사람이다. 모든 사람은 그 속에 계발되지 않은 자원을 품고 있다. 우리의 일은 그런 자원을 찾아 꺼내 주고 계발해 주는 것이다. 사람을 볼 때마다 그 안에 담긴 보물에 관심을 가져야 한다. 이 보물은 처음에는 거칠고 불완전할 수 있다. 우리의 격려는 남들이 이 보물을 계발하고 성장시키는 데 도움을 준다. 바로 프로 스포츠 팀의 인재 스카우터들이 매일같이 하는 일이다. 그들은 덜 여문 인재들 속에 숨은 잠재력을 본다.

격려하는 일이 항상 쉽지는 않다. 앞서 언급한 다루기 힘든 사람들의 경우가 특히 그렇다. 팬데믹이 시작되면서 그들의 괴팍한 성격이 더 심하게 표출되기 시작했다. 다루기 힘든 사람들에 관해서 할 말이 많지만 여기서 다 다룰 수는 없다. 다만 남들과 잘 어울리라는 신약의 명령을 마음에 새겨야 한다.

당신 주변에서 다루기 힘들지만 격려를 필요로 하는 사람 두 명을 찾아보라. 이번 주에 그들을 위해 어떻게 기도할지 생각해 보라.

다음 구절을 큰 소리로 읽으면서 그 의미를 깊이 묵상하라.

그리스도의 평강이 너희 마음을 주장하게 하라 너희는 평강을 위하여 한 몸으로 부르심을 받았나니 너희는 또한 감사하는 자가 되라(골 3:15).

마지막으로 말하노니 형제들아 기뻐하라 온전하게 되며 위로를 받으며 마음을 같이하며 평안할지어다 또 사랑과 평강의 하나님이 너희와 함께 계시리라(고후 3:11).

그러므로 우리가 화평의 일과 서로 덕을 세우는 일을 힘쓰
나니(롬 14:19).

때로 우리가 아무리 노력해도 상대방이 좋게 반응하지
않을 수 있다. 성경은 이런 상황에 대해서도 말한다. 로마
서 12장 18절이 그렇다. "할 수 있거든 너희로서는 모든 사
람과 더불어 화목하라." 뉴 센추리 성경 역본(New Century
Version)은 이 구절을 이렇게 번역한다. "모든 사람과 화목
하기 위해 최선을 다하라."

여기서 "할 수 있거든"이나 "최선을 다하라"라는 표현은
때로 갈등을 피할 수 없고 아무리 노력해도 우리와 화목하
지 않으려는 사람들이 있다는 점을 함축한다. 우리는 남들
의 행동을 통제할 수 없다. 하지만 우리 자신의 행동을 통
제하여 불화를 조장하지 않을 수는 있다. 분노에 분노로,
비판에 비판으로, 무례에 무례로 반응하지 말라. 관계를 끊
어야 하는 사람도 있을 수 있지만 피치 못하게 관계를 끊더
라도 최대한 기분 나쁘지 않게 해야 한다.

격려하는 사람이 되면 더없이 힘든 시기에도 남들을 세워줄 수 있다. 친절한 행위로 남들을 세워 주면 자신의 시각도 낙관적이고 긍정적으로 변한다.

9. 은혜의 힘

두려운 미래를
하나님께
맡기라

큰 실패에 어떻게 반응하는가? 감정적으로 폭발하거나 육체적으로 폭력적으로 변하는가? 무기력에 빠져 상황을 다룰 수 없게 되는가? 자신을 희생자로 보며 눈앞의 문제에 대해 남들을 탓하는가? 유연성이 있어서 상황 변화에 재빨리 적응할 줄 아는가? 역경을 딛고 일어나 다시 힘을 내서 살아갈 줄 아는가?[1]

2020년 우리는 많은 난관과 변화를 겪었다. 어떻게 하면 이 상황에서 성장하고 회복력을 기를 수 있을까? 어떻게 하면 미래의 난관들을 강하고 유연한 태도로 맞을 수 있을까? 앨 시버트(Al Siebert)는 *The Resiliency Advantage*(회복력의 이점)이라는 책에서 이렇게 말한다. "강한 회복력으로 생존하는 사람들은 부당한 시련이 예기치 않게 닥쳐도 자신의 감정을 잘 다룬다."[2] 생존자들은 상황이 좋아질 것이

라는 믿음으로 시작한다. 삶이 무너져 내려도 결국 그들은
전보다 더 강하게 회복된다.[3]

무너진 일상 속에서 발견하는 회복의 은혜

우리는 생존자들을 특별한 사람들로 여긴다. 물론 그
런 사람들도 있지만 대부분은 그렇지 않다. 그들은 단지
소망과 믿음을 품었을 뿐, 당신과 나처럼 흠과 약점을 지
닌 사람들이다. 그들은 여느 사람들과 다를 바 없다. 하지
만 생각하는 방식만큼은 다르다. 그 외에도 생존하고 성장
하는 사람과 그렇지 못하는 사람을 가르는 요인은 여러 가
지이다.

- 생존하는 사람들은 뜻밖의 상실에 대비하기 위해 미
  리 계획한다. 우리가 팬데믹에 대비할 수 있었는가?
  팬데믹은 너무도 갑작스럽게 찾아왔다. 그로 인해 대
  부분의 사람들은 무방비로 당했다. 또 다른 위기가
  닥칠 때는 허무하게 당하지 않도록 어떻게 계획을 세

워야 할까?

- 그들은 미리 계획하는 것이 불가능할 때는 지혜가 있는 사람들에게서 배운다. 당신은 미래를 계획하기 위해 누구한테 배우려는가?

- 그들은 틈만 나면 불평을 하지 않는다. 오히려 어떻게 든 부정적인 감정을 해소할 방법을 찾는다. 어떻게 하면 불평하지 않고 부정적인 생각과 감정을 제거할 수 있을까?

- 그들은 자신이 무엇을 할 수 있는지 알고, 도움이 필요할 때는 남들에게 요청한다. 또한 그들은 남들이 도움을 필요로 할 때 도움을 줄 줄 안다. 필요할 때 서로 도울 수 있는 사람들의 인맥을 갖추고 있는가?

- 그들은 배우고 성장하기를 원한다. 현재 상태에 머물기를 원하지 않는다. 당신은 팬데믹 상황에서 무엇을 배웠는가? 어떻게 하면 성장하고 발전할 수 있을까?

하나님과의 깊은 관계도 뜻밖의 상황에서 회복하고 성장하는 데 필수적이다. 힘든 시기에도 믿음의 사람들은 가능성을 본다. 우리가 약할 때 하나님은 그분의 강하심을 드러내시며, 그럴 때 우리는 가능하다고 생각했던 것보다 훨씬 더 많은 것을 해낼 수 있다.

하나님을 붙들 때 회복이 시작된다

삶의 어려움을 겪으면 하나님이 우리를 버리셨다고 생각하곤 한다. 전혀 그렇지 않다. 힘든 시기에 우리는 모든 것이 무의미하다고 생각하곤 한다. 그렇지 않다. 여전히 의미 있는 것들이 있다. 힘든 시기에 우리는 살 가치가 없다고 생각하곤 한다. 그렇지 않다. 삶은 여전히 가치가 있다.

믿음은 어떤 상황 속에서도 하나님을 굳게 부여잡는 것을 의미한다. 믿음은 하나님이 보이지 않을 때도 변함없이 그분을 따르는 것을 의미한다. 믿음은 내키지 않을 때도 하나님께 충성하는 것을 의미한다.

회복력이 강한 사람들은 다음과 같은 사실을 믿는다.

하나님의 약속은 반드시 지켜진다.
하나님이 끝까지 지켜 주실 것이다.

그 무엇도 우리를 하나님의 사랑에서 끊어놓을 수 없다.

하나님은 우리를 통해 이루시려는 일이 있다.

불가능한 상황 속에서도 가능성을 보고 믿는 것이 생존자의 태도이다. 우리는 문제 속에서도 생존할 뿐 아니라 그 문제에서 뭔가 좋은 것을 탄생시킬 수 있다.[4]

야고보서 1장 2-3절은 이렇게 말한다. "내 형제들아 너희가 여러 가지 시험을 당하거든 온전히 기쁘게 여기라 이는 너희 믿음의 시련이 인내를 만들어 내는 줄 너희가 앎이라."

이 말씀대로 사는 법을 배우는 것은 과정이다. 하루아침에 되지 않는다. 이 구절은 '당장' 이런 식으로 반응하라고 말하지 않는다. 처음에는 고통과 슬픔을 느껴야 한다. 그런 뒤에야 차차 '기쁨'을 떠올릴 수 있다. 야고보서 1장 2절은 이렇게도 번역할 수 있다. "역경을 반기고 기뻐하기로 마음을 먹으라."

우리는 어떤 태도를 품을지 스스로 결정할 수 있다. "정말 힘들고 화가 난다. 정말 싫어. 왜 하필 지금 이런 일이 일어났는가? 왜 하필 나에게?" 우리는 이와 다르게 말할 수 있다. "이건 내가 원하지도 예상하지도 않은 상황이야. 하지만 이미 일어난 일이야. 당분간 힘들겠지. 하지만 이 상황에서 어떻게 최선의 결과를 거둘 수 있을까?" 생존자는 고통이나 상처를 부인하지 않되 이렇게 묻는다. "여기서 무엇을 배울 수 있을까? 어떻게 성장할 수 있을까?"

상실을 통해 진리를 배우다

아내 조이스와 나는 많은 성경 말씀의 진리를 의지해 살아왔다. 그중 야고보서 1장의 이 구절은 우리가 특히 자주 의지해 온 말씀이다. 둘째 아들 매튜는 지적 장애를 안고 태어났다. 매튜의 지능은 3세 수준에서 멈추었다. 매튜는 11세가 될 때까지 집에서만 살다 그 후에는 살렘 크리스천 홈(Salem Christian Home)에서 지냈다. 12세 때 역류성 식도염이 발생해서 교정 수술을 받아야 했다. 그런데 수술 뒤 합병증과 감염이 발생하는 바람에 2차 수술이 필요해졌다. 하지만 호흡기 장애가 나타나 치료가 통하질 않았다. 우리는 하나님의 뜻이 이루지기를 위해 기도했다. 1990년

3월 15일 우리는 매튜에게 작별인사를 했다. 그 아이의 침상에서 기도하며 우리 부부에게 귀한 자녀를 주시고 영생을 예비하신 하나님께 감사했다. 1시간 뒤 의사는 매튜의 죽음을 알렸다. 그날 하나님은 매튜를 본향으로 데려가셨고, 우리는 많은 감정이 뒤섞인 소용돌이를 거친 뒤 평안을 되찾았다.

하나뿐인 아들이 뇌 손상으로 심각한 지적 장애를 안고 태어났다가 스물두 살에 급작스럽게 세상을 떠날 줄은 조금도 예상하지 못했다. 하지만 그런 일이 일어났다.

아내 조이스가 뇌종양에 걸려 48번째 결혼기념일 직후에 세상을 떠날 줄은 조금도 예상하지 못했다. 하지만 그런 일이 일어났다.

우리 딸 셰릴(Sheryl)이 53세를 일기로 세상을 떠나고 3년 뒤 사위 빌(Bill)도 떠날 줄은 조금도 예상하지 못했다. 하지만 그런 일이 일어났다.

상실을 겪을 때마다 나는 성경의 진리를 의지했다. 슬퍼하고 애곡했지만 하나님의 약속을 통해 내 믿음은 무너지지 않았다. 하나님은 내가 겪은 시련 하나하나를 통해 비슷한 시련 속에 있는 남들을 돌볼 수 있는 능력을 갖추게 하셨다.

어떻게 하면 당신이 겪은 시련과 경험을 통해 하나님을 영화롭게 하고 남들을 도울 수 있을까?

생존자의 특징들

생존자들은 남이나 상황을 탓하기보다는 해법을 찾는 데 집중한다. 코로나19에 대해 우리가 탓할 수 있는 사람들은 수없이 많다. 비난하기보다는 미래를 향해 나아가라. 비난할 시간에 상황을 분명하게 파악하고 해법을 찾으라. 당신의 삶 속에서 펼쳐질 수 있는 다양한 시나리오를 나열하고 각 시나리오에 대해 계획을 세우라. 한때 우리는 삶을 통제할 수 있다고 믿었지만 코로나19는 그런 믿음을 무참히 깨뜨렸다. 이제 '최악의 상황'에 대비해야 한다. 그래야 어떤 상황에서도 최선의 결과를 끌어 낼 수 있다.

미래는 어떻게 될까

이 상황을 어떻게 다룰 것인가? 팬데믹은 끝나고 삶은 정상으로 돌아갈 것이다. 일터로 돌아가 미래를 위한 계획을 세울 것이다.

남들과 접촉할 때는 계속해서 마스크를 써야 할 것이다. 내 옷에 어울리는 마스크를 사서 액세서리처럼 쓰면서 오히려 이 상황을 즐길 것이다.

우리 회사는 문을 닫을 것이다. 그렇게 되면 15년 동안 다니던 일자리를 잃을 것이다. 싫지만 새로운 직장을 찾을 것이다. 어쩌면 새로운 직업을 찾기 위해 학교로 돌아갈지도 모른다.

미래에 대한 다양한 가능성을 고려하라

생존자들은 두려움을 극복하고 상황을 바꾸기 위한 새로운 방법을 찾아낸다. 생존자들은 인생을 즐길 줄 안다. 힘든 시기에도 웃을 줄 알고, 눈앞의 위기를 잠시 잊고 쉴 줄 안다. 생존자들은 변화에 적응할 줄 안다. 그들은 유연하고 회복력과 적응력을 갖추고 있다. 이런 특성이 없다면 삶에 대처하기가 무척 힘들다. 경직된 사람일수록 미래가 밝지 않다. 당신은 경직되어 있는가, 유연한가? 잘 모르겠다면 배우자나 믿을 만한 친구에게 물어보라.

생존자들은 끝까지 버틴다. 끈기는 소망과 믿음의 증거다. 당신은 인내하며 계속해서 시도하는가?

생존자들의 주변에는 그를 세워 주고 격려하는 건강한 사람들이 있다. 또한 그들도 남들을 세워 주고 격려한다. "그러므로 피차 권면하고 서로 덕을 세우기를 너희가 하는 것 같이 하라"(살전 5:11).

누가 당신을 격려해 주는가? 당신은 누구를 격려해 주는가?

생존자들은 과거의 힘들었던 시간들을 기억한다. 그들은 그 시간들을 어떻게 극복했는지 돌아보고 과거에 통했던 대응 전략들을 기억해 낸다. 과거의 대응 전략들을 현재의 상황에 어떻게 적용할 수 있을까?[5]

생존자들은 감사할 이유를 발견하고 현재의 상황에서 소망을 찾는다.[6] 소망은 맹목적인 낙관론이 아니라 현실적인 낙관론이다. 소망의 사람은 삶 속의 문제와 난관을 분명히 인식하되 그것들을 넘어 잠재력과 가능성을 본다.

소망의 사람은 단순히 내일의 가능성을 위해서만 살지 않고, 일이 뜻대로 풀리지 않는 상황 속에서도 오늘의 가능성을 본다.

소망의 사람은 정체를 거부하고 늘 열정적으로 살아간다. 소망은 우리를 해방시켜 전진하게 만드시는 성령의 역사에 자신을 여는 것이다.

하나님의 약속이 반드시 지켜진다는 사실은 의심의 여지가 없다. 그것은 절대적으로 확실한 사실이다. 성경에서 소망은 더없이 확실한 것이다.

오직 여호와를 앙망하는 자는 새 힘을 얻으리니 독수리가 날개치며 올라감 같을 것이요 달음박질하여도 곤비하지 아니하겠고 걸어가도 피곤하지 아니하리로다(사 40:31).

10. 소망의 힘

소망으로
시작하기를
다짐하라

소망이 두려움으로 변했다. 한때 우리가 누렸던 안정과 예측 가능성은 사라졌고 세상이 온통 뒤흔들리고 있다. 코로나19, 사망, 폭동, 무자비한 총격 사건이 연일 뉴스의 헤드라인을 장식한 지 2년이 넘었다. 미래가 어떻게 될지 모르겠다. 이 상황이 끝이 날까? 예전 세상으로 돌아갈 수 있을까? 인정하고 싶지 않지만 온 세상이 두려움에 휩싸여 있다. 어떻게 해야 이 두려움을 떨쳐내고 소망으로 나아갈 수 있을까? 어떻게 해야 두려움이 우리의 삶을 통제하도록 놔두지 않을 수 있을까?

두려운 미래, 신실하신 하나님을 붙들라

우리는 하나님을 사람들에게 보여 주기 위해 그분의 형상을 따라 창조되었다. 두려움이 마치 담요처럼 우리 안에 있는 하나님의 형상을 덮고 있다. 두려움 아래에 숨어 있으면 우리가 해야 할 것을 하지 못하고 되어야 하는 것이 될 수 없다.[1]

우리를 옭아매는 두려움의 힘이 커지고 있다. 불안감이 커지고 있다. 소망은 두려움에서 해방되게 하며, 하나님을 의지함으로 안정감을 얻게 만든다.

두려움에 빠지는 것은 두려운 일이 실제로 일어날 것이라고 말하는 것이다. 두려움은 우리의 머릿속에서 일어나지도 않을 최악의 시나리오를 끊임없이 재생시킨다. 소망을 바라보는 사람은 현실을 받아들이면서도 신실하신 하나님이 약속을 지키실 것이라고 믿는다.

두려움은 우리에게서 용기를 빼앗아 가던 길을 멈추고, 심지어 후퇴하게 만든다. 소망은 후퇴하고 싶을 때도 용기로 나아가도록 우리의 등을 밀어 준다.

우리 영혼의 원수는 우리에게서 소망을 빼앗으려고 한

다. 이것이 우리가 두려움에 굴복하지 말아야 하는 이유 중 하나이다.

우리의 병기창에서 두려움을 깨뜨리기 위한 가장 강한 무기 중 하나는 기억이다. 하나님의 신실하심을 기억하는 것이다. 하나님은 우리가 잘 잊는다는 것을 아신다.[2]

두려움의 지배를 당하지 않고 뉴노멀에서 소망을 찾을 수 있을까? 당신이 한 선택들에 관해서 생각해 보라. 삶이 불확실한 가운데서도 배우고 성장했는가? 인내를 배웠는가? 하나님을 의지하는 법을 배웠는가? 미래에 더 좋은 뭔가가 오고 있다는 사실을 우리 스스로도 기억하고 남들에게도 알려 주어야 한다. 언제일지는 모르지만 우리는 다음과 같은 약속을 믿어야 한다.

가서 너희를 위하여 거처를 예비하면 내가 다시 와서 너희를 내게로 영접하여 나 있는 곳에 너희도 있게 하리라(요 14:3).

볼지어다 그가 구름을 타고 오시리라 각 사람의 눈이 그를 보겠고(계 1:7).

PART 1

2장

1. M. J. Ryan, *How to Survive Change You Didn't Ask For: Bounce Back, Find Calm in Chaos and Reinvent Yourself* (Miami, FL: Conari Press, 2014), 10.

2. 위의 책, pp. 2-3.

3. 위의 책, pp. 200-201.

4. Megan Devine, *It's OK That You're Not OK* (Louisville, CO: Sounds True, Inc., 2017), pp. 136-137. 메건 더바인, 《슬픔의 위로》(반니 역간).

5. Ryan, *How to Survive Change You Didn't Ask For*, pp. 213-218.

PART 2

3장

1. R. Mössner and K. P. Lesch, "Role of Serotonin in the Immune System and Neuroimmune Interactions" (Bethesda, MD: National Library of Medicine, 1998), https://pubmed.ncbi.nlm.nih.gov/10080856/.

2. Dr. Brian Wind, PhD, quoted in Courtney J. Higgins, The Good Trade, "5 Soothing Practices to Help You Cope with Touch Deprivation," https://www.thegoodtrade.com/features/managing-touch -deprivation.

3. *Westmont College Magazine*, 2020년 가을.

4. John Arden, *Rewiring Your Brain: Think Your Way to a Better Life* (New York: Wiley, 2010), p. 210.

5. Sharon K. Farber, PhD, *Psychology Today*, "Why We All Need to Touch and Be Touched," 2013년 9월 11일, psychologytoday.com/us/blog/the-mind-body-connection/201309/why-we-all-need-touch-and-be-touched.

6. Arden, *Rewiring Your Brain*, p. 148.

7. Higgins, "5 Soothing Practices to Cope with Touch Deprivation."

8. Kim Kavin, "Dog Adoptions and Sales Soar During the Pandemic," *The Washington Post*, 2020년 8월 12일, https://www .washingtonpost.com/nation/2020/08/12/adoptions -dogs-coronavirus/.

9. John Ortberg, *Love Beyond Reason: Moving God's Love from Your Head to Your Heart* (Grand Rapids, MI: Zondervan, 2001), 56-58.

10. 위의 책, 58.

4장

1. H. Norman Wright, *A Better Way to Think: How Positive Thoughts Can Change Your Life* (Grand Rapids, MI: Baker Publishing Group, 2011), p. 16.

2. H. Norman Wright, *Overcoming Fear and Worry* (Peabody, MA: Rose

Publishing, 2014), p 8.

3. 위의 책, p. 44.

4. Wright, *A Better Way to Think*, p. 219.

5. Wright, *Overcoming Fear and Worry*, p. 59.

6. Tamar Chansky, *Freeing Yourself from Anxiety: 4 Simple Steps to Overcome Worry and Create the Life You Want* (New York: DaCapo Lifelong Books, 2012), pp. 77-79.

5장

1. H. Norman Wright, *Communication: Key to Your Marriage* (Grand Rapids, MI: Bethany House, 2012).

2. Gary Hankins and Carol Hankins, *Prescription for Anger* (New York: Warner Books, 1988), pp. 196-198.

6장

1. Amy Novotney, "The Risks of Social Isolation," *American Psychological Association*, 2019년 5월, vol. 50, no. 5, https://www.apa.org/monitor/2019/05/ce-corner-isolation.

2. David Aaro, "Colorado Seniors Protest Coronavirus Restrictions: We Want to See Our Families," Fox News, 2020년 10월 14일, https://www.foxnews.com/us/colorado-seniors-protest-coronavirus-restrictions-we-want-to-see-our-families.

3. Kira Asatryan, *Stop Being Lonely* (Novato, CA: New World Library, 2016), p. 23.

4. 위의 책, p. 25.

5. 위의 책, pp. 4-5.

6. John Powell, *Why Am I Afraid to Tell You Who I Am?* (Grand Rapids, MI: Zondervan, 1999).

7. Katie Kerwin McCrimmon, *UC Health*, "Loneliness During the COVID-19 Pandemic: Fight It with Kindness," 2020년 12월 10일,

https://www.uchealth.org/today/loneliness-during-the-covid-19-pandemic-fight-it-with-kindness/.

8. John Powell, *Why Am I Afraid to Tell You Who I Am?*에서 Paul Tourineau 글 인용.

7장

1. H. Norman Wright, *Experiencing Grief* (Nashville: Broadman & Holman Publishers, 2004).

2. H. Norman Wright, *Elmer Elephant, It's Okay to Cry* (Colorado Springs: Waterbrook Press, 2004), p. 39.

3. Wright, *Experiencing Grief*, p. 57.

4. Mary Ann Emswiler, MA와 James P. Emswiler, MA, MEd, *Guiding Your Child Through Grief* (New York: Bantam Books, 2000), pp. 100-106.

5. Carol Staudacher, *Beyond Grief* (Oakland, CA: New Harbinger, 1987), pp. 129-130.

6. Toni McAllister and Murrieta Patch, "Life Can Be a Picnic: Vista Murrieta Teen Leads the Way," 2021년 1월 26일, https://patch.com/california/murrieta/life-can-be-picnic-vista-murrieta-teen-leads-way.

7. Rebekah Fenton, "Opinion: Covid-19 Has Wreaked Havoc on Young People's Lives—e Owe It to Them to See this Through," *The Washington Post*, 2021년 1월 27일; https://www.washingtonpost.com/opinions/covid-mental-health-teenagers/2021/01/27/99602ce2-60b3-11eb-9061-07abcc1f9229_story.html.

8. Rebekah Fenton, "Opinion: Covid-19 Has Wreaked Havoc on Young People's Lives—e Owe It to Them to See This Through," *The Washington Post*, 2021년 1월 27일, https://www.washingtonpost.com/opinions/covid-mental-health-teenagers/2021/01/27/99602ce2-60b3-11eb-9061-07abcc1f9229_story.html.

9. Ellen S. Rome, MD, MPH, Perry B. Dinardo, MA와 Veronica E. Issac, MD, "Promoting Resiliency in Adolescents During a Pandemic: A Guide for Clinicians and Parents," Cleveland Clinic

Journal of Medicine, 2020년 10월 1일 발췌, https://www.ccjm.org/content/87/10/613.

10. 위의 책, 발췌.

11. 위의 책, 발췌.

12. Dr. Caroline Leaf, *Cfaith*, "Toxic Seriousness (Have Some Fun) 발췌, https://www.cfaith.com/index.php/blog/22-articles/christian-living/27530-toxic-seriousness.

13. Rome, Dinardo, and Issac, "Promoting Resiliency in Adolescents During a Pandemic," 발췌.

PART 3

8장

1. Facebook 2020년 4월, 작자 미상.

2. Les Parrott III, *High-Maintenance Relationships: How to Handle Impossible People* (Carol Stream, IL: Tyndale, 1996), pp. 7-8, 발췌.

9장

1. Al Siebert, *The Resiliency Advantage* (Oakland, CA: Berrett-Koehler Publishers, 2005), pp. 2-5.

2. 위의 책, p. 29.

3. 위의 책, p. 29.

4. David W. Wiersbe, *Gone but Not Lost: Grieving the Death of a Child* (Grand Rapids, MI: Baker Books, 1992).

5. Paula A. Wallin, "On Your Mind: Coping with the Unexpected," *Penn Life, Patriot News*, 2013년 2월 19일에 게재, 2019년 1월 5일 업데이트

발췌, pennlive.com/bodyandmind/2013/02/on_your_mind_coping_with_the_u.html?ampredir.

6. 위의 책.

10장

1. John Morgan, *War on Fear: What Would You Do If You Were Not Afraid?* (Lake Mary, FL: Creation House, 2016), p. 62.

2. 위의 책, p. 36.

추천 자료

3장 ————

Charlotte Hilton Anderson, "The Benefits of Cuddling," *Reader's Digest*, 2020년 4월, 53; https://www.pressreader.com/ usa/ readers-digest/20210420/282153589101897.

7장 ————

H. Norman Wright, *It's Okay to Cry*〔울어도 괜찮다〕(Waterbrook, 2004)

H. Norman Wright, *Experiencing Grief*〔슬픔을 경험하기〕(Broadman & Holman, 2006)